AF131599

Combattre l'anxiété, l'angoisse...

Retrouvez la sérénité, le bien-être...
Demandez l'aide de vos guides intérieurs.
Apprenez à relativiser et à adopter
une attitude positive.

Collection
« Les Forces COSMIQUES
au service de votre santé ! »

Mentions légales

Loi n°49-956 du 16 juillet 1949 sur les publications destinées à la jeunesse

© 2020 Martine Ménard

Édition : BoD · Books on Demand, 31 avenue Saint-Rémy, 57600 Forbach, bod@bod.fr
Impression : Libri Plureos GmbH, Friedensallee 273, 22763 Hamburg (Allemagne)

ISBN : 978-2-3225-7036-2
Dépôt légal : Juin 2025

Toutes reproductions, usage à titre professionnel ou privé de page·s de l'ouvrage est strictement interdit sans accord de l'éditeur et/ou de l'auteur ou de ses ayants droits, conformément à la législation en vigueur.
Le cas échéant, des poursuites pénales seront engagées contre tous contrevenants.

Martine MÉNARD

Combattre l'anxiété, l'angoisse…

Retrouvez la sérénité, le bien-être…
Demandez l'aide de vos guides intérieurs.
Apprenez à relativiser et à adopter
une attitude positive.

Collection
« Les Forces COSMIQUES
au service de votre santé ! »

Disponible en 2 FORMATS :
PAPIER : FORMAT A5 (14,8 X 21)
&
EBOOK (téléchargement)

Tenez-vous au courant
des NOUVEAUTÉS
(Voir liste non exhaustive en fin de volume).
Éditées régulièrement
aux Éditions BOD

https://www.bod.fr/librairie/

Puis dans la barre de recherche (du site)

« TOUTES les CATÉGORIES »

Tapez : *Martine MÉNARD*

☞ AU SOMMAIRE

ઠᏅᏚ

ԾՑ

☞ AVANT-PROPOS

෨ා

– Après la collection (mère) : « *Demandez & vous recevrez* » se présentant en 5 volumes distincts et proposant un nombre substantiel de vœux à réaliser, de problèmes à résoudre…, mais en *n'invoquant que* :

➢ Les Anges pour le **N°1**… son titre :
Les ANGES EXAUCENT NOS VŒUX !

➢ Les ARCHANGES et ESPRITS de la Nature pour le **N°3**…
Son titre :
ARCHANGES & ESPRITS de la NATURE à votre SECOURS !

➢ Les SAINTS pour le **N°4**… son titre :
INVOQUEZ les SAINTS… Ils prieront pour VOUS !

– *En ne pratiquant que :*
➢ L'AUTOSUGGESTION pour **le N°2**… son titre :
CE QUE VOUS DÉSIREZ… OBTENEZ-LE !

– *En ne réalisant que :*
➢ TALISMANS & PENTAGRAMMES pour le **N°5**
Son titre :
CRÉATION d'un TALISMAN
Le coup de pouce À votre SOUHAIT !

– Je vous propose cette nouvelle collection :
« Les Forces COSMIQUES à votre service ! »
sous la forme contraire… *soit…*
– des livrets concentrant un *travail complet** d'un seul cas bien spécifique !
– en réunissant la *partie correspondante* retirée dans chacun des tomes Numéros 1 – 2 – 3 – 4 de la série (*mère*) (cités ci-dessus).

– Si vous êtes en possession de la (*ou d'une partie de la*) collection : « *Demandez & vous recevrez* », vous constaterez que certains paragraphes sont quasiment identiques ! Telle que l'introduction (+ ou – réduite), ainsi que les chapitres IV (pages 55 à 127) et V, qui SONT la copie des chapitres II et I du livre N°1, se référant aux 72 Anges GARDIENS, puisqu'il vous faut, dans un premier temps, connaître le NOM de celui qui veille sur VOUS !

– Pour ce qui est du TALISMAN, il n'est pas ajouté à ces prières.
– Cependant, si vous souhaitez le réaliser vous-même vous trouverez *celui qui correspond à votre cas dans mon livre N°5 « *CRÉATION d'un TALISMAN, Le coup de pouce à votre SOUHAIT !* »
De la collection « *demandez et vous recevrez* »
Pour ce cas précis :
☞ son **NUMÉRO de réalisation** dans (le livre N°5)
est le N°50
se libérer des angoisses, vaincre l'anxiété.

*Par contre, vous trouverez en fin de volume (page 148)
un PENTAGRAMME à découper, avec le mode d'emploi !*

ೞೲ

☞ INTRODUCTION

ℰꙨℭ

➢ Arrivée à la retraite, j'ai mis ces collections en route, pour qu'après, plus de 30 ans d'expérience, grâce à mes connaissances, mon vécu, mais aussi l'usage de mes travaux, *vous puissiez solutionner vos problèmes, réaliser vos vœux...* Travaux qui, pour grand nombre de mes clients, au cours de ma carrière, ont porté leurs fruits. Et pour que mon savoir et mes acquis ne tombent pas dans l'oubli... j'ai décidé, au travers de ces livres et livrets (*pour cette série*), de continuer de vous aider à réaliser vos souhaits, à surmonter vos soucis, à être fort·e dans les épreuves, à voir la vie différemment...

➢ *Cette collection,* pour vous permettre de surmonter toutes les difficultés que la vie vous impose comme : soulager vos maux et douleurs, tant physiques que morales, retrouver forme et force, ne fait pas de promesses, mais si vous mettez en pratique les conseils fournis, si votre foi et votre persévérance dans la prière sont à la hauteur de votre souhait, votre vie peut s'en trouver grandement améliorée.

➢ Sans promettre de MIRACLES, le pouvoir de la pensée positive et de la prière à fait ses preuves !

– Les MÉTHODES que je vous propose, ont déjà permis à beaucoup de résoudre leurs problèmes, obtenir la victoire sur l'adversité. Grand nombre de clients* ayant sollicité, par mon intermédiaire, l'aide de **leur ANGE Gardien et de leurs FRÈRES spécialistes, celle des ARCHANGES et des ESPRITS de la Nature** – des SAINTS de L'Église (*pour ceux qui y croient*) – **lu les formules MAGIQUES** d'autosuggestion (pour soi) *ou* **de suggestion POSITIVE et d'influence PSYCHIQUE à distance pour AUTRUI...** réalisé des **TALISMANS & PENTAGRAMMES** (*facultatifs bien que conseillés*), ont retiré les bienfaits attendus, car...

AUCUNE DEMANDE NE RESTE VAINE !
(Bien qu'elle puisse revêtir une réponse différente,*
à court – moyen ou long terme !)

– *Sachez que, si votre vœu ne se réalise pas malgré votre bonne intention et votre persévérance… si à votre grand désespoir, vous n'obteniez pas satisfaction, malgré votre rigueur dans le travail comme indiqué, vous ne devrez vous en PRENDRE, ni aux ANGES, ni au PÈRE ! (Mais plutôt remercier). Et qui sait, peut-être qu'à un moment où vous ne vous y attendrez plus, vous recevrez une récompense bien supérieure à celle souhaitée dans le présent !

J'aime cette formule du : *« RAPPELEZ-VOUS !*

Quand vous éprouvez n'importe quelle déception,
c'est peut-être le travail silencieux d'un ami invisible,
en train d'essayer de vous mettre à l'abri DES ENNUIS !»

En clair :
cela veut dire que si votre situation n'évolue pas
comme vous l'espérez,
« c'est l'œuvre de votre Ange Gardien
qui vous empêche de commettre une erreur
que vous pourriez regretter plus tard !»

➢ Une anecdote personnelle qui vous aidera encore plus
à comprendre ce message de l'invisible !

– Un de mes jumeaux est devenu à son tour papa de jumeaux ! Les prénoms devaient être **Yann** & Erwan…
– 2 mois avant la naissance, je commande deux petites peluches : lapins **personnalisés** et de couleurs différentes.
– À la livraison : les 2 lapins, OK, mais aucune inscription ! Très déçue, j'envisageais de retourner les peluches pour faire refaire le nécessaire, mais avant, je téléphone à la société… *« Désolés, mais nous ne faisons plus de person- nalisation depuis 3 semaines »* !
– Je décide malgré tout de garder ces petits lapins, mais vraiment contrariée ! 15 jours plus tard, j'entends parler mes enfants, et là, *surprise* ! Un prénom des bébés était changé ! Non plus Yann, mais MATHYAS !…
…Je vous laisse imaginer mes pensées ensuite !
Comme quoi, quand il y a une déception,
ce peut être aussi un BON tour du Destin !

ഇ൯**ള**

    – Si vous avez pour objectif principal de surmonter ce problème désorientant qui est apparu dans votre vie à l'heure actuelle, ce livre sera un outil précieux.

    – En me basant sur mon expérience, je peux affirmer que lorsque vous cessez d'avoir peur et commencez à comprendre, tout change bien plus rapidement que vous ne le pensiez.

    ➢ Il faut d'abord comprendre **ce qu'est L'ANXIÉTÉ...**

    – Au contraire de la dépression qui est associée au sentiment de déprime, de tristesse, d'un mal être au présent... l'anxiété tant qu'à elle, concerne les événements futurs. On s'inquiète pour ce qui pourrait se produire plus tard.

    – C'est cette inquiétude qui vous assaille subitement et qui arrive souvent sournoisement, ou c'est un tourment incessant, sans raison précise.

    – **L'anxiété,** c'est une peur irraisonnée d'un événement que l'on anticipe alors qu'il n'arrivera sans doute jamais, mais qui peut finir par une véritable crise d'angoisse, voire de panique !

    – **L'anxiété,** est un désordre psychique souvent liée à trop de stress, ou suite à des événements traumatisants vécus. (Accident, attentat, viol, décès d'un proche, choc psychologique).

    – Tout comme vous, j'ai été confrontée un jour à plusieurs des symptômes dont vous souffrez actuellement.

    – Je connais votre réalité et je vous garantis que l'anxiété peut être résolue, que vous pouvez en tirer des enseignements et même cesser de la ressentir pour toujours.

    – Ce phénomène peut être lié également, et on n'y pense pas suffisamment à des repas déséquilibrés entraînant une carence en vitamines et un manque de magnésium. Donc, il est essentiel de retrouver une alimentation saine, et de faire une cure de magnésium enrichi de vitamines B6 et compléter éventuellement avec des multi-vitamines ainsi que de la vitamine B12. (Demandez conseil à votre pharmacien.)

– Mais bien sûr, si les troublent persistent, demandez à votre médecin traitant qui saura vous conseiller un traitement plus approfondi si besoin est.

– Je vous mets en garde contre l'automédication ! un anxiolytique d'une certaine marque peut très bien soulager une personne de connaissance mais pourrait vous être totalement contraire ! un surdosage par exemple pourrait augmenter encore plus vos crises. Donc pour tout traitement médicamenteux, **ne faites RIEN sans avis médical** !

– Mais *avec* ou *sans* traitement (tout dépend du degré de votre anxiété, de vos angoisses), il existe cette autre méthode d'alternative que je vous propose, qui personnellement m'a été très bénéfique après avoir perdu dans des circonstances traumatisantes, 2 de mes enfants !

Je m'en suis sortie grâce à l'autosuggestion, liée à la méditation et au pouvoir des forces cosmiques.

– Bien qu'il soit ardu de garder la foi lorsque l'on traverse des épreuves insoutenables, mais ayant déjà fait l'expérience de grandes satisfactions cosmiques*, *(voir page 17)* il m'était difficile de ne plus avoir confiance ! C'est pourquoi, si vous lisez régulièrement ces prières et formules, si vous êtes prêt.e à tout faire pour sortir de cette situation, **vous aussi, vous finirez par vous libérer de vos peurs** !

À ces prières voici encore 2 astuces à ne pas négliger :

Lorsqu'une crise d'angoisse vous assaille...
1/ pratiquez la respiration abdominale :

– Si vous le pouvez, étendez-vous sur le sol et placez vos mains le long de votre corps, puis inspirez par le nez en gonflant le ventre en comptant jusqu'à 7. Bloquez votre respiration en comptant à nouveau jusqu'à 7, puis expirez par la bouche en vidant totalement vos poumons et en creusant votre ventre.

Recommencez 10 fois environ. La crise devrait être passée.

2/ si vous le pouvez, laissez ce que vous êtes en train de faire et allez pratiquer ½ heure de marche loin des bruits de la ville.

La marche est l'un des anti stress les plus bénéfiques qui soit. Choisissez un endroit calme et si possible en pleine campagne, loin de la circulation... Marchez lentement en vous concentrant sur vos foulées et votre respiration. Mais aussi profitez-en pour méditer, parler à vos anges, à la nature... entendez le chant des oiseaux qui eux, ne se font aucun souci si ce n'est celui de bâtir leur nid pour assurer leur descendance ! Ressentez le soleil sur votre peau, le vent qui vous rafraîchit, parlez aux arbres, admirez la beauté de la nature... Laissez couler vos larmes si l'envie de pleurer surgit, laissez-vous aller ! Elles sont libératrices et apaisent la tension.

– Des pensées négatives vous envahissent ? **Ne les refoulez pas,** mais revenez, dès que vous le pouvez, à votre dialogue avec vos amis de l'invisible. Je peux vous assurer que cette pratique régulière (journalière de préférence) vaut mieux que tous les antidépresseurs et anxiolytiques du marché !

– Prenez exemple sur la nature, regardez toute cette vie qui grouille autour de vous, que ce soit : insectes, végétaux, animaux, oiseaux... ils prennent la vie comme elle vient sans se faire de soucis ! Alors, vous aussi, LÂCHEZ PRISE ! Décidez aujourd'hui de ne plus faire partie des victimes de l'anxiété ! gardez toujours cette phrase à l'esprit, je suis sûre qu'elle vous aidera :

« L'anxiété n'est rien d'autre qu'une mauvaise habitude mentale malsaine et destructrice prise au fil du temps ! »
Norman Vincent PEALE.

3/ Profitez d'ajouter, lors de vos **méditations ou quand vous marchez** de réciter une ou plusieurs petites prières *rapides* (page 151) cela vous apportera un bien-être complémentaire.

ജരു

☞ Pour en savoir plus,

je vous suggère mon autre livre :

« Retrouver le chemin de la sérénité »
10 min au quotidien suffisent
pour nourrir des jours meilleurs !
Croyez & obtenez !

ISBN : 9782322412426

Aux éditions B.O.D vendu sur INTERNET
(amazon – fnac – google livres… (entre autres)

Un livre de chevet à lire et à relire…
Et qui peut venir compléter ce livre présent,
plus centré sur les prières et l'autosuggestion…

Vous y trouvez des anecdotes, des conseils,
des méthodes à, adopter, des astuces…
savoir comment TRANSFORMER son existence…
ÊTRE HEUREUX… atteindre cette SÉRÉNITÉ,
ce BIEN-ÊTRE.

À la page 172 vous en trouverez le sommaire !

« Combattre l'angoisse – l'anxiété... »

– CROIRE – POSITIVER – RÉAGIR
DÉCIDER – MÉDITER – PERSÉVÉRER

1/ CROIRE en VOUS et en ce que vous faites... !
    – Ce que vous demandez, croyez DÉJÀ l'avoir reçu ! N'ayez aucun doute d'être entendu·e par les Forces Cosmiques. Ayez une confiance TOTALE en vous et en vos Guides INTÉRIEURS (Ange gardien entre autres...)

2/ Changez votre mode de PENSÉE !
    – Utilisez la phrase populaire d'Épictète : *"ce n'est pas ce qui nous arrive qui nous fait souffrir, mais ce que nous nous racontons sur ce qui nous arrive"*.

    – Si vous décidez de croire que l'anxiété est un problème insurmontable qui est entré dans votre vie pour vous causer des souffrances, que la malchance et ce monde impitoyable ont eu des conséquences sur vous, ou si vous utilisez des idées analogues, votre subconscient vous informera qu'il n'y a ni issue ni solution. Vous ressentirez de la tristesse, de l'abattement, de la défaite et de l'incapacité.

    – Si vous êtes dans cet état, vous ne ferez pas d'efforts pour voir cette lumière qui vous aidera à comprendre la solution.

    – Alors, adoptez cette nouvelle façon de penser, vous en avez la faculté...

    – Répétez-vous régulièrement : *« ce que je crains n'arrivera pas ! » cette mauvaise habitude que j'ai prise de m'inquiéter pour un oui ou un non, je la chasse de mon esprit et lorsqu'elle m'assaille je dis : HORS ! »*

3/ RÉAGISSEZ immédiatement !
Pour soulager la douleur, il faut agir.

    – Pratiquez vos exercices de respiration – faites une pause et allez faire ½ de marche au grand air !

4/ DÉCIDEZ de ne plus vous faire de soucis inutilement !

– dès maintenant, prenez la ferme décision de ne plus vous angoisser pour quoi ou qui que ce soit ! « *ce que je crains n'arrivera pas !* »...

5/ Accordez-vous du temps à la MÉDITATION !

– Comprendre et vaincre l'anxiété graduellement Cela vous rendra à la fois plus fort·e et plus épanoui·e. Cela vous donnera plus de forces pour affronter les défis de la vie.

– Vous ne pouvez pas agir sur les événements. Alors lâchez prise et accordez-vous chaque jour du temps pour la méditation et la prière.

6/ PERSÉVÉREZ « intelligemment » !

– Donnez du TEMPS au TEMPS ! respectez le nombre de JOURS indiqués pour les méditations – prières – lunaisons...

IMPORTANT !

De la même manière que pour un traitement
de fond avec des anxiolytiques,
Le « conditionnement » nécessite quelques jours
voire semaines pour être efficace.
et surtout ne pas l'arrêter
du jour au lendemain
Mais progressivement !
Il est essentiel de se familiariser avec de nouvelles
habitudes mentales et de ne pas laisser
les mauvaises s'installer!
Donc,
Même si vous vous sentez mieux,
il est possible que vos angoisses reviennent
à la suite d'un choc ou d'un deuil!
Ne perdez pas de temps et reprenez ce livre...

Par ailleurs, en cas « d'urgence »,
car une crise d'angoisse peut survenir sans crier
gare, vous trouverez des <u>prières courtes</u> adaptées.
(page 151)

ℬↄ◌ℛ

CHAPITRE I

COMMENT

utiliser ce

LIVRET

ഇന്ദ്ര

➢ **Les ANGES** sont des ÂMES pures qui n'ont jamais été incarnées (*au contraire des Saints*). Ils reçoivent les enseignements des ARCHANGES et sont très dévoués pour nous venir en aide si nous leur demandons !

– Chaque ANGE nous transmet des forces bien déterminées, celles qui émanent des degrés du ZODIAQUE, qu'Il régit à partir de son domicile (*décan astrologique*) et celles qui émanent de l'ARCHANGE régissant le CHŒUR ANGÉLIQUE auquel l'Ange GARDIEN appartient.

– La prière est un acte d'Amour puissant, qui sublime l'être humain. Elle nous permet d'entrer en communion avec des ÊTRES SUPÉRIEURS pour converser avec eux afin de nous purifier des préoccupations immédiates, de recevoir d'EUX les pouvoirs et les dons, d'évoluer spirituellement, moralement et matériellement.

– **L'ANGE GARDIEN** est toujours bienveillant, avec un fervent désir de venir à notre secours. Les ANGES GARDIENS *«travaillent»* à la réussite de l'Œuvre DIVINE, et à celle des humains, enfants du PÈRE. Nous devons nous adresser à notre Ange Gardien en toute circonstance comme à un véritable ami, en LUI expliquant clairement et sincèrement le sujet de notre demande ; puis, nous LUI demandons de nous inspirer la meilleure façon d'agir pour obtenir des résultats concrets.

– Pour obtenir les dons et pouvoirs des **ANGES SPÉCIALISTES**, vous devez LEUR adresser votre demande tout simplement en passant par l'intermédiaire de VOTRE Ange.

➢ Les **ARCHANGES,** dans la hiérarchie « arrivent » après LE PÈRE. Ce sont des ÂMES pures qui n'ont jamais été incarnées. Ils sont remplis d'amour et sont très puissants.

– Les **Esprits de la NATURE** vivent parmi nous ! et si l'on est très attentif, on peut les voir ! une pierre qui prend la forme d'un visage, un brin d'herbe ou une fleur qui bouge alors qu'il n'y a aucun courant d'air... gardez l'esprit ouvert, car ils sont là, tous près de nous. Donc, respectons et aimons la NATURE !

➤ **Les SAINTS** sont des ÂMES incarnées qui ont fait beaucoup de bien de leurs vivants. Ils ont traversé de grandes épreuves et malgré les supplices qu'ils ont subit, ils n'ont jamais renié leur foi, ils ont gardé une confiance inébranlable en DIEU. Ce sont des Âmes qui travaillent pour l'amour du PÈRE et qui prient pour nous, si nous leur faisons notre demande.

➤ Chaque SAINT & SAINTE est spécialiste dans un domaine. Les invoquer, c'est demander leur aide afin de résoudre une difficulté. Ils sont toujours là pour nous guider ! Comme les Archanges, les Anges, les Esprits de la Nature... **les SAINTS** entendent notre appel et sont toujours disposés à nous apporter réconfort et soutien.

➤ **Le pouvoir des FORMULES « magiques » D'AUTOSUGGESTION.**

– Lisez chaque phrase attentivement, à haute voix si vous le pouvez. Répétez-la intérieurement !

– Vous pouvez recopier les phrases (qui vous attirent le +) sur un bristol (petites fiches en carton de couleurs) en phrases individuelles que vous pouvez éventuellement porter sur vous ou les accrocher.

– Faites-en des thèmes de méditation : en voiture, en train, sur la plage... ou lorsque vos pensées vagabondes. Si vous avez passé un mauvais moment, si vous vous sentez stressé·e, que le moral est en baisse ; LISEZ-LES ! Ce sont des «vitamines» de l'esprit. N'hésitez pas à en accrocher au mur, dans une pièce ou vous allez souvent : votre chambre par exemple, votre cuisine... de façon à les avoir le plus souvent possible à la vue.

– Donnez-vous au moins <u>6 mois</u> (*avec des poses d'une semaine entre chaque*) pour laisser opérer la transformation intérieure.

– Ces phrases agiront dans votre esprit comme des PENSÉES AUX POUVOIRS *MAGIQUES* !

– C'est ce que j'appelle les «**FORMULES *MAGIQUES* DU BONHEUR !**»

– Ces feuillets de PENSÉES POSITIVES sont comme une LAMPE D'ALADIN prête à exaucer tous vos souhaits. Pour cela il vous suffit de les lire et relire.

– Considérez ces feuillets comme une GRANDE PRIÈRE enthousiaste, confiante en la vie et pleine de gratitude.

➤ COMBIEN DE TEMPS ?
(Minimum 6 mois renouvelables)

Vous pouvez allumer une BOUGIE et dire à HAUTE VOIX :

« Qu'au travers de cette flamme représentant la LUMIÈRE DIVINE, je puisse entrer en communication avec vous, PUISSANCES BIENFAITRICES de l'UNIVERS.
Que ma demande soit entendue et exaucée ! »

➤ Vous pouvez dialoguer avec Ce qui pour vous, représente LE PÈRE, la Source Unique de TOUTE VIE.

– Exprimez votre détresse ; reconnaissez vos erreurs, et demandez sincèrement pardon pour vos manquements, vos mauvaises pensées, vos abandons, votre paresse... Laissez parler votre cœur, fermez les yeux et osez dire tout ce que vous avez comme peine, tristesse, rancœur et amertume, et qui vous pèsent. Pleurez si les larmes viennent naturellement. Ce seront des larmes bienfaisantes de libération et de reconnaissance.

– Imaginez-vous en train de vous confier à votre mère, à votre père ou à votre meilleur·e ami·e. Parlez avec vos mots, ne cherchez pas de grandes phrases. Ce qui compte, c'est votre sincérité et votre désir réel de venir à bout de vos angoisses !

<u>**Gardez à l'esprit ces paraboles**</u> :

«DEMANDEZ ET L'ON VOUS DONNERA !
CHERCHEZ et VOUS TROUVEREZ !
FRAPPEZ et L'ON VOUS OUVRIRA !

ℬℛ

INFORMATION sur les ARCHANGES
que vous solliciterez !

ℰᏊℭℛ

> L'ARCHANGE *MÉTATRON*
est le **Chef de TOUS les *ARCHANGES.***
– Il préside le monde de la LUMIÈRE.

☞ *MÉTATRON* gère le groupe N°1
(des Anges) *ou* ***Chœur*** des *SÉRAPHINS*
représentant la **VOLONTÉ et la FORCE MORALE.**
> *MÉTATRON* est celui **que l'on invoquera en PREMIER avant toute demande** à un autre ARCHANGE ou ÉLÉMENTALS, car invocation ou exorcisme, toutes les autres Entités et Énergies de Lumière étant sous son influence, c'est Lui qui dispense le Rayonnement Divin au monde.

L'ARCHANGE *RAZIEL* gère le groupe N°2
(des Anges) *ou* **Chœur** des *CHÉRUBINS*
représentant **l'AMOUR du DIVIN...**
> **RAZIEL est l'Archange de l'Amour véritable, des résultats heureux.** Il est aussi à invoquer dans toutes situations **angoissantes** demandant un éclaircissement, une compréhension !
(en fonction de votre signe astrologique : page 138).

☞ *HÉSÉDIEL* gère le groupe N°4
(des Anges) ou **Chœur** des *DOMINATIONS,*
permet la GUÉRISON du corps comme de **l'esprit.**

☞ *MIKAEL* gère le groupe N°8
(des ANGES) *ou* **Chœur** des *ARCHANGES*
représentant L'INTELLIGENCE, L'IMAGINATION
MOTS clés : **PROTECTION**
➤ **MIKAEL** *est le plus grand Archange après*
MÉTATRON et Chef des Forces du Ciel, des Armées Célestes.
– Son rôle premier est de chasser les énergies malsaines
de la peur. Il nous protège d'une puissante, lumière d'amour, qui
repousse les mauvaises influences.
– Il permet de se soigner, surtout psychologiquement !
L'invoquer en cas d'angoisses sera bénéfique.

☞ **Les ÉLÉMENTALS** *ou Esprits de la NATURE)*
sous la gouverne de SANDALPHON,
Pour ces cas précis, vous invoquerez :

➤ *Les Esprits de L'EAU : Les ONDINES*
Qui seront à votre service pour tout ce qui concerne :
LA SANTÉ MENTALE
&
➤ *Les Esprits du FEU : SALAMANDRES,*
les FÉES du FEU...
...seront à votre service pour tout ce qui concerne :
L'ACTION – LA TRANSFORMATION
LA RÉGÉNÉRATION – SANTÉ

☞ L'ARCHANGE *SANDALPHON*
est « *le JUMEAU sur terre* » de **MÉTATRON**
« *ce qui est en bas est comme ce qui est en haut !* »
Il gouverne le monde TERRIEN.
➤ SANDALPHON est l'Ambassadeur du **Groupe 10**
ou **Chœur des *HUMAINS* et des *Esprits ÉLÉMENTALS****
liés aux 4 éléments primordiaux de la nature
(Terre − Eau − Air − Feu) influencés par la planète **TERRE**.
Il est le **Chef de TOUS les ANGES.**

➤ Le rôle principal de **SANDALPHON** consiste à transmettre les suppliques humaines au PÈRE pour qu'elles soient écoutées. Il affirme que toutes les prières sont entendues et exaucées, bien que les réponses puissent prendre des formes inattendues.

➤ **SANDALPHON** est celui **que l'on invoquera en DERNIER lieu après toute demande** à un autre ARCHANGE ou ÉLÉMENTALS. Ainsi la boucle sera bouclée !

ԒᏕᏣᏝ

CHAPITRE II

L'INFLUENCE

de la

LUNE.

ಐ೧

Si vous souhaitez ajouter un peu de
« *magie LUNAIRE* »,
je vous suggère de prendre en considération
ce **CHAPITRE II** et de respecter les lunaisons.
(*Voir pages 36 – 37*)

Ceci vous semble trop compliqué ?
Rendez vous directement à la page 39… A/
L'important est votre volonté de réussir
et la FOI que vous mettrez dans vos prières.

☞ **L'influence LUNAIRE et ses bienfaits !**

Chaque lunaison interagit sur notre vie.
(Autant niveau santé que vie quotidienne.)

Par exemple :
Pour ***calmer des angoisses,***
la LUNAISON sera différente de celle pour
sortir d'une dépression.
(Pour l'une il faut « *se calmer* »
et pour l'autre, il faut se « *booster* ».

– De même, pour **calmer les douleurs,**
– la LUNAISON ne sera pas la même
que pour **stimuler les muscles.**

– Idem pour traiter un **cancer des os** par la prière,
la lunaison ne sera pas la même que pour un **cancer du foie…**
tout comme pour surmonter une dépression,
une addiction à l'alcool, aux médicaments…

– Combien de situations engluées et semblant quasi insolubles
se trouvent cependant résolues grâce à la prière entre autres…

Ces dernières, **faites en bonne lunaison** seront un atout
supplémentaire.

&

– Combien de maladies dites INCURABLES et irréversibles,
et de patients « CONDAMNÉS » par la médecine,
ont surpris leur entourage et leur médecin,
par une guérison spontanée, inexpliquée et COMPLÈTE !

*Le secret : **la PRIÈRE et une FOI TOTALE**
en ses POUVOIRS !

ꙮ

– Comme vous l'avez compris, la LUNE a une forte influence sur le fonctionnement de notre corps... **mais également sur notre état d'esprit !** Vous avez sans doute pu le constater, certains jours, nous sommes enthousiasmes, nerveux, insomniaques, l'énergie débordante, motivés... et d'autres : déprimés, fatigués, énergie en berne, le moral en dents de scie, découragés... C'est pourquoi, dans ces diverses périodes, principalement celle de découragement ou d'affaiblissement, prier en LUNE SPÉCIFIQUE, vous permettra de vous booster de vous rendre fort·e face à l'adversité... ou au contraire, en période de surexcitation, d'énervement..., vous calmer. C'est suivant le domaine ou le cas à traiter.

– <u>Dans celui qui nous intéresse,</u> **c'est de se libérer de vos angoisses, de vos inquiétudes, de vaincre l'anxiété, retrouver la sérénité et la plénitude...**

– Par ailleurs, les ARCHANGES et ÉLÉMENTALS sélectionnés ont une influence plus soutenue en certaines LUNES, et toujours, <u>en fonction du CAS à traiter.</u>

À noter que, vous pouvez SÉPARER la **PARTIE (01)**
FORMULES D'AUTOSUGGESTION
+ *prières aux SAINTS* *(s'ils font partie de votre religion)*
de la PARTIE (02) ANGES et ARCHANGES par :
*l'une ***le MATIN*** et l'autre ***le SOIR.***

**Je vous conseille, dans ce cas, de lire *les FORMULES*
le MATIN. Ainsi, au cours de la journée,
elles vous reviennent à l'esprit et vous stimulent.
Les ANGES & ARCHANGES...
peuvent vous influencer positivement dans votre SOMMEIL.**
*<u>Ou</u>
– *Faire le TOUT à l'heure qui vous convient dans la journée !*
L'IMPORTANT, c'est d'avoir la certitude de ne pas être
dérangé·e (pendant ¼ heure environ).
– Débranchez le téléphone, fermez la porte...

Et pour vous mettre en condition…
Vous pouvez allumer une BOUGIE et dire à HAUTE VOIX :

« Qu'au travers de cette flamme représentant la LUMIÈRE DIVINE, je puisse entrer en communication avec vous, PUISSANCES BIENFAITRICES de L'UNIVERS. Que ma demande soit entendue et exaucée ! »

– À la fin de votre rituel (lecture de vos prières) vous pouvez continuer pendant quelques minutes à dialoguer avec **Ce** qui pour vous, représente LE PÈRE, la Source Unique de TOUTE VIE.

– Exprimez votre détresse; vos inquiétudes. Laissez parler votre cœur, pleurez si les larmes viennent naturellement. Ce seront des larmes bienfaisantes de libération et de reconnaissance.

– Imaginez-vous en train de vous confier à votre mère, à votre père ou à votre meilleur·e ami·e. Parlez avec vos mots, ne cherchez pas de grandes phrases. Ce qui compte, c'est votre sincérité et votre désir réel de vous défaire de ces mauvaises habitudes mentales !

℘CR

Étant du domaine SANTÉ MENTALE
➤ *en finir avec l'anxiété, les angoisses…*

Dans un premier temps,
vous commencez les prières de ce livre
SANS tenir compte de la LUNE

et poursuivez pendant *28 jours consécutifs.

Ensuite,
Pour les <u>phases suivantes</u>, toujours en gardant *la magie lunaire,*
vos **prières <u>lunaires</u>** doivent se faire en commençant le 1er jour
de LUNE ○ (pendant 9 jours consécutifs/mois)

Et en dehors de cette phase lunaire :
uniquement les MARDI – SAMEDI et DIMANCHE.

Prenez le calendrier ci-contre comme exemple.
<u>Astuce pour vous simplifier</u> :
Par exemple vous auriez reçu ce livre le 09 JANVIER 2017,
et décidé de commencer le lendemain :
Vous auriez surligné du 10 janvier au 06 février. (28 jours).

Ensuite, vous repérez les prochaines lunes ○
que vous stabilotez ainsi que les 8 jours suivants.
(Soit 9 jours ou une neuvaine).

Enfin, il ne vous reste plus qu'à staboter
Les samedis – dimanches – mardis
restants sur votre calendrier.

Ainsi : les jours colorés sont ceux de prières.

CALENDRIER **2017** pour *exemple* **choix de JOURS & LUNES**

Calendrier 2017

01 JANVIER

1	D	Jour de l'an
2	L	Basile
3	M	Geneviève
4	M	Odilon
5	J	Edouard
6	V	Mélaine
7	S	Raymond
8	D	Lucien
9	L	Alix
10	M	Guillaume
11	M	Paulin
12	J	Tatiana
13	V	Yvette
14	S	Nina
15	D	Rémi
16	L	Marcel
17	M	Roseline
18	M	Prisca
19	J	Marius
20	V	Sébastien
21	S	Agnès
22	D	Vincent
23	L	Barnard
24	M	Fr de Sales
25	M	Conv S Paul
26	J	Paule
27	V	Angèle
28	S	Th d'Aquin
29	D	Gildas
30	L	Martine
31	M	Marcelle

02 FÉVRIER

1	M	Ella
2	J	Présentation
3	V	Blaise
4	S	Véronique
5	D	Agathe
6	L	Gaston
7	M	Eugénie
8	M	Jacqueline
9	J	Apolline
10	V	Arnaud
11	S	ND de Lourdes
12	D	Félix
13	L	Béatrice
14	M	Valentin
15	M	Claude
16	J	Julienne
17	V	Alexis
18	S	Bernadette
19	D	Gabin
20	L	Aimée
21	M	Damien
22	M	Isabelle
23	J	Lazare
24	V	Modeste
25	S	Roméo
26	D	Nestor
27	L	Honorine
28	M	Romain

03 MARS

1	M	Aubin
2	J	Ch le Bon
3	V	Guénolé
4	S	Casimir
5	D	Olive
6	L	Colette
7	M	Félicité
8	M	Jean de Dieu
9	J	Françoise
10	V	Vivien
11	S	Rosine
12	D	Justine
13	L	Rodrigue
14	M	Mathilde
15	M	Louise
16	J	Bénédicte
17	V	Patrice
18	S	Cyrille
19	D	Joseph
20	L	Printemps
21	M	Clémence
22	M	Léa
23	J	Victorien
24	V	Catherine
25	S	Annonciation
26	D	Larissa
27	L	Habib
28	M	Gontran
29	M	Gwladys
30	J	Amédée
31	V	Benjamin

04 AVRIL

1	S	Hugues
2	D	Sandrine
3	L	Richard
4	M	Isidore
5	M	Irène
6	J	Célestin
7	V	J-B de la S
8	S	Julie
9	D	Gautier
10	L	Fulbert
11	M	Stanislas
12	M	Jules
13	J	Ida
14	V	Maxime
15	S	Paterne
16	D	B-Joseph
17	L	De-Pâques
18	M	Parfait
19	M	Emma
20	J	Odette
21	V	Anselme
22	S	Alexandre
23	D	Georges
24	L	Marc
25	M	Alida
26	M	Valérie
28	V	Valérie
29	S	Cath. de Si
30	D	Robert

05 MAI

1	L	Fête du travail
2	M	Boris
3	M	Phil. Jacq.
4	J	Sylvain
5	V	Judith
6	S	Prudence
7	D	Gisèle
8	L	Armist. 1945
9	M	Pacôme
10	M	Solange
11	J	Estelle
12	V	Achille
13	S	Rolande
14	D	Mathias
15	L	Denise
16	M	Honoré
17	M	Pascal
18	J	Eric
19	V	Yves
20	S	Bernardin
21	D	Constantin
22	L	Emile
23	M	Didier
24	M	Donatien
25	J	Ascension
26	V	Bérenger
27	S	Augustin
28	D	Germain
29	L	Aymar
30	M	Ferdinand
31	M	Visitation

06 JUIN

1	J	Justin
2	V	Blandine
3	S	Kévin
4	D	Clotilde
5	L	L Pentecôte
6	M	Norbert
7	M	Gilbert
8	J	Médard
9	V	Diane
10	S	Landry
11	D	Barnabé
12	L	Guy
13	M	Antoine de P
14	M	Elisée
15	J	Germaine
16	V	J.F. Régis
17	S	Hervé
18	D	Léonce
19	L	Romuald
20	M	Silvère
21	M	Eté
22	J	Alban
23	V	Audrey
24	S	Jean-Baptiste
25	D	Prosper
26	L	Anthelme
27	M	Fernand
28	M	Irénée
29	J	Pierre. Paul
30	V	Martial

☞

<u>votre choix est :</u>

A/ Sans « **magie LUNAIRE** »
vous commencez les prières de ce livre
un MARDI – SAMEDI ou DIMANCHE.
et poursuivre pendant <u>28 jours consécutifs.</u>
Puis :
<u>1 neuvaine par mois (9 jours).</u>
En commençant toujours par
un MARDI – SAMEDI ou DIMANCHE.

B/ Avec « **magie LUNAIRE** »
vous commencez les prières de ce livre
un MARDI – SAMEDI ou DIMANCHE.
et poursuivre pendant <u>28 jours consécutifs.</u>
Puis
<u>vous respectez votre calendrier.</u>
(Revoir page 32)

ജോ

Rappel :

<u>cette étape peut être faite quand vous le souhaitez</u>
dans la journée, **avec la préférence pour** <u>**le MATIN,**</u>
afin que les énoncés fassent leur chemin
dans <u>votre subconscient</u> !

– Commencer avec la lecture des **FORMULES** « magiques »
suivies de celles du « bonheur »…

– Viendra ensuite, la (les) prière·s aux **SAINTS.**
(S'ils font partie de votre religion).

36

☞ ÉTAPE N°2

(Que votre choix soit : <u>sans</u> ou <u>avec</u> LUNE)

Même procédé que l'étape 1 (A ou B)

Peut être faite quand vous le souhaitez dans la journée,
avec la préférence pour <u>le SOIR…,</u>
car les Anges & Archanges…
peuvent prédisposer dans <u>votre sommeil</u>,
votre subconscient à une meilleure compréhension
et vous apporter des solutions sous forme de rêves.

– Commencez par l'invocation à **VOTRE*** Ange gardien.
(Que vous trouverez au CHAPITRE suivant, se situant entre les
pages 53 et 127, en fonction de son numéro).
*Pour découvrir son NOM *(si vous l'ignorez)*,
reportez-vous au chapitre V page 141.

– Ensuite, vous solliciterez, *(par l'intermédiaire de*
VOTRE Ange gardien,) **les 4 Anges** sélectionnés qui sont spécia-
lisés pour résoudre votre problème… (*En fonction du cas*).

Terminer par :

– Les **INVOCATIONS**
aux ARCHANGES & ESPRITS de la Nature
que j'ai sélectionné également pour ce cas précis.

Nota : pour connaître TOUS les Archanges et tous leurs secteurs
d'influence complète, un livre spécifique est disponible.
Voir son titre page 176 (tome 3).

ℬ⊂ℛ

CHAPITRE III

<u>VOS</u>

FORMULES & PRIÈRES

<u>De</u>

<u>L'ÉTAPE 1</u>

ಐ�✿

– De jour en jour, je me porte de mieux en mieux... Je suis en plus en plus heureux·se... Aujourd'hui et tous les jours à venir, je vais m'appliquer à ne plus laisser des pensées dévastatrices m'envahir. J'ai compris que ce que je crains n'arrivera pas ! Alors pourquoi craindre quelque chose qui n'est pas encore arrivé ?

– Je fais confiance à l'UNIVERS. Les Forces du Cosmos veillent sur moi et les miens, et les épreuves ne font qu'aider à évoluer. Je crois que la vie, malgré ses complications et ses moments difficiles, vaut la peine d'être vécue. Je vais cesser de m'inquiéter pour tout et pour tous ! M'inquiéter ne solutionne pas le problème, alors, je lâche prise. Je fais confiance à mon destin Je me sens fort·e, énergique, sain·e. Tout va bien dans ma vie, je suis aimé·e des autres ; j'aime ce que je fais, ma vie est heureuse, sereine. Je connais la paix intérieure, je me sens bien dans ma peau, j'ai confiance en l'avenir.

– Ça ne donne rien de m'inquiéter, il vaut mieux penser à ce que je peux faire plutôt que de devenir anxieux·se. J'ai le temps de prendre une grande respiration et de me relaxer avant d'affronter la situation. Je me concentre sur le présent, je laisse le passé derrière moi, car je ne peux plus rien faire, et l'avenir est devant moi. Mes espérances passées m'ont déjà prouvé à maintes reprises que ce que l'on veut ou l'on croit, ne se passe jamais comme prévu. Alors pourquoi anticiper des événements qui n'auront pas lieu ?

– Je change ma façon de penser. Je sais maintenant que les crises d'angoisses ne sont que de mauvaises habitudes mentales que j'ai prises depuis quelque temps. Alors, je modifie ma façon de penser. Chaque jour qui passe, je me sens de plus en plus fort·e, et plus vivant·e. Je déborde de plus en plus d'énergie et de force ; je déborde de vitalité et d'enthousiasme !

– Je retrouve mon équilibre psychique, je suis heureux·se, la vie est merveilleuse ! Mon état naturel, c'est d'avoir une santé radieuse, une énergie sans limite et de la vitalité dans ma vie. Je m'extasie devant la vie (une fleur qui s'ouvre, un chaton qui joue avec sa mère...) Je suis HEUREUX·SE ! La vie est BELLE !

– Je me fortifie de jour en jour ; toutes les inquiétudes et misères, toutes mes difficultés intérieures décroissent en même temps. Je suis fort·e et libre. Je n'ai plus aucune culpabilité de quoi que ce soi ! Je suis libre et sans entraves ; je suis heureux·se, décontracté·e et calme.

– Je remercie DIEU pour ce que m'apporte la vie, je LE remercie pour ma chance, pour mes joies mais aussi pour mes embûches et mes déceptions qui me permettent de progresser.

– Je demande pardon pour les préjugés portés aux autres et je me libère de ma culpabilité.

– **L'anxiété** n'est rien d'autre qu'une mauvaise habitude mentale. Et avec l'aide de Dieu, je peux briser n'importe quelle habitude. Pourquoi m'en faire pour l'un ou pour l'autre ? Pour ceci ou cela ? Ce que je crains n'arrivera sûrement pas. De toute façon, que je m'inquiète ou pas, je ne peux rien n'y changer ! Donc, je fais confiance à la VIE et je ne m'inquiète plus !

– J'ai le pouvoir de me guérir ; mon état s'améliore... Tous les jours, à tous points de vue, je vais de mieux en mieux. Chaque cellule de mon corps respire l'harmonie, l'équilibre. Tout mon être rayonne de santé. Je me porte à merveille, je suis en pleine forme.

– Je demeure sous la protection du Très Haut. Je n'ai plus peur, car je sais que la Divine Présence qui est en moi est mon salut. Je suis confiant·e et en sécurité à chaque instant. L'amour m'entoure et me protège, Tout est bien. L'Esprit marche devant moi et m'ouvre le chemin, je n'ai rien à craindre, absolument RIEN ! L'esprit me couvre de sa protection ; la Sagesse de l'esprit me guide dans toutes mes actions. Je remonte de jour en jour le courant ! Dans ma vie, tout ce qui a de l'importance mérite que je lutte pour l'obtenir.

JE REMERCIE DIEU POUR LE CADEAU DE LA VIE !

☞ <u>Continuez avec</u>

LES FORMULES MAGIQUES DU BONHEUR

ଞଠଔ

« RIEN N'EST MAUVAIS, RIEN N'EST BON, C'EST NOTRE FAÇON de PENSER QUI FAIT NOTRE MALHEUR ou NOTRE BONHEUR ! »

ഗ്രാ

➢ Aucun des malheurs passés, rien de ce qui m'est arrivé de désagréable ou de tragique dans un temps lointain ou rapproché, ne pénétrera mon esprit. Seules les bonnes pensées, la joie, les amis de mon BONHEUR, de ma paix, de mon succès, pourront trouver accès à mon ESPRIT aujourd'hui !

– Quoi qu'il arrive, je refuse la tristesse. Je ne permettrai pas aux ennemis de mon BONHEUR de venir l'assombrir !

– Je crois que le BONHEUR vient de l'aptitude de se réjouir de la vie et d'un désir altruiste et sans arrière-pensées de respecter et de rendre service aux autres !

– Aujourd'hui, je commence une nouvelle vie, j'oublierai tout ce qui, dans le passé, m'a causé de la peine, du chagrin, de la honte... J'oublie mes erreurs passées ; je cesse de me torturer à leur sujet. Aujourd'hui est un jour qui ne reviendra pas ; je dois tout mettre en œuvre pour saisir les bonnes occasions quand elles se présentent !

– Le PÈRE (*L'AIDE INTÉRIEURE, L'Unique*, Bouddha*, le Grand Tout*, mon Ange Gardien*, mon Génie planétaire**...) me conseille toujours justement et me montre la bonne voie. Il vient au secours de ma détresse ; Il répond à toutes les questions qui me tourmentent ; Il dissipe mes doutes ; j'ai en LUI toute confiance et je suis certain·e qu'Il m'inspire et me guide tranquillement !

– Le PÈRE (*ou**...) est avec moi, Le PÈRE (*ou**...) vient à mon secours, Il ne peut m'abandonner !

– Je me tourne vers TOI mon AIDE INTÉRIEURE (*Mon PÈRE, ou**...) avec ma prière. J'ai confiance en ton assistance pour tout ce qui me concerne, mon progrès intérieur et ma réussite extérieure, aujourd'hui et tous les jours à venir !

– Tu m'aideras à atteindre le but que je me suis fixé et que je désire ardemment. Je Te remercie de ton appui. Tu donnes à mes désirs la force de se réaliser : MOI et mes DÉSIRS ne faisons QU'UN ! Je sais que, grâce au principe de l'autosuggestion, n'importe quel désir que je garderai obstinément dans mon esprit se manifestera bientôt par des signes extérieurs avant d'atteindre le but établi.

– Donc, si je veux VRAIMENT quelque chose, JE PEUX L'OBTENIR ! *Alors, JE cesse de m'inquiéter pour tout et pour tous ! Que je m'inquiète ou pas, cela ne changera rien, sauf à épuiser mes énergies. Je préfère faire confiance à la VIE, et à partir de maintenant, je vais BIEN, je suis ZEN !*

– Le PÈRE (*ou**...) est avec moi, Le PÈRE (*ou**...) m'aide, Il ne peut me laisser et je Le remercie pour le CADEAU DE LA VIE !

– Je reçois force et courage. Uni·e aux FORCES de l'AIDE INTÉRIEURE (*ou**...), je reçois consciemment leur plénitude… Elles éveillent en MOI des flots d'ÉNERGIE, de FOI, de courage et d'amour.

– L'ESPRIT SAINT en moi, suscite de bonnes dispositions et me conduit à mon entier développement.

– En moi s'éveilleront la claire vision du droit chemin et la FORCE de le suivre ! Et tout ce que je désire de **BIEN**, qui est en harmonie avec les FORCES BIENVEILLANTES CRÉATRICES réussira !

JE RÉUSSIS, JE RÉUSSIS TOUJOURS !

ഇരു

Éventuellement
(en fonction de votre religion)

Poursuivre

avec

les PRIÈRES

aux SAINTS...

☞ POUR TRIOMPHER de NOTRE FAIBLESSE et DÉMONS INTÉRIEURS (peur – angoisse…)

– Ô ESPRIT SAINT, MON ANGE, MA FORCE… ÂME de mon Âme, je t'adore, éclaire-moi, guide-moi, fortifie-moi, console-moi, dis-moi ce que je dois faire, donne-moi Tes ordres ! je te promets de me soumettre à tout ce que tu désires et d'accepter toute épreuve. Fais-moi connaître ta Bienveillante volonté. Ô ma FORCE, Essence d'Amour du Grand TOUT et de lumière DIVINE, je te consacre mon intelligence, mon cœur, ma volonté et tout mon être. Que ma réflexion soit toujours docile à tes Célestes Inspirations, et ton Enseignement infaillible. Que mon cœur soit toujours enflammé de Ton Amour et du prochain., Que ma volonté d'être humain soit toujours conforme à la volonté de mon Guide Intérieur, et que toute ma vie soit une imitation fidèle de la vie et des vertus de l'ANGE des Anges qui vivent en chacun de nous, Celui que Tu as voulu mettre à l'image de l'homme, que Tu as décidé que nos YEUX voient pour Croire et que celui de Notre Âme le Découvre, l'Honore et le Glorifie à Jamais. Restes en Moi, Esprit de conseil, de force, de piété, d'intelligence, et de Sagesse… mais éloigne de moi, l'Esprit Luciférien, qui cohabite avec Toi dans mon âme, l'Esprit de mauvais conseil, de faiblesse, de l'ignorance, de violence, de malveillance, de trahison… Comble-moi mon Ami, de tes DONS, de ton AMOUR, de ta BONTÉ et de ta BIENVEILLANCE, garde-moi la santé physique et morale, Fais qu'au travers de mes paroles, mes gestes de chaque jour, chacun voit la Lumière de l'Espoir et non celle du Désespoir, la Force de se battre et non le laisser-aller. Transmets-moi la patience, la tolérance. Apprends-moi le pardon. Donne-moi le COURAGE de vaincre mes problèmes, mes failles, mes incertitudes, **mes angoisses et mes peurs.**

– MERCI mon Ange **(CITER)**, mon Moi, mon Être Suprême ; DIEU !

St MICHEL et Ste Jeanne d'ARC, priez pour moi. (3 fois)
Je vous remercie de votre appui bienveillant. AMEN.

– Toi PÈRE qui permet ou envoie même les maladies pour éprouver tes serviteurs, leur rappeler tes bienfaits, leur inspirer une Sainte crainte de tes jugements, les ramener à la vertu et faire naître en eux de Saints désirs d'une vie plus parfaite; jette un regard de bonté sur moi **(VOTRE NOM & PRÉNOM)**, *ton humble serviteur (servante) qui souffre de crises d'angoisses et d'anxiété. Et par l'intercession de St Gilles, St Firmin, St Claude et Ste Rita,* fais-les-moi sanctifier par la patience et par une entière soumission à ta volonté adorable.

– Daigne enfin me rendre la santé et avec elle, la résolution inébranlable de me consacrer désormais à ton service et à l'accomplissement de mes devoirs.

– Mais ce que je te demande surtout pour moi, Seigneur, c'est plutôt le salut de mon âme que celui de mon corps. Bien convaincu·e que cette vie passagère ne nous est donnée que pour nous en assurer une meilleure.

– PÈRE, je ne peux rien sans le secours de Ta sainte Grâce; je t'implore avec insistance par les mérites de Notre Seigneur J.C, et de l'intercession de MARIE, conçu sans le péché et de **St Gilles, St Firmin, St Claude et Ste Rita.**
AINSI SOIT-IL!

– ST GILLES, ST FIRMIN, ST CLAUDE et STE RITA, *Je vous adresse cette invocation en toute confiance pour obtenir la grâce suivante : vaincre mes démons intérieurs, mes peurs et mes angoisses infondées et retrouver ainsi bien-être et sérénité.*
– Je vous supplie et vous conjure par JÉSUS - CHRIST et MARIE, de bien vouloir m'aider et m'assister de tout votre pouvoir !»

– Je viens vers vous, Ô Mère de SAINTE ESPÉRANCE ; mon cœur succombe dans la douleur et mon âme est désolée et troublée ; je suis sur le point de tomber sous le poids qui m'accable. Je suis à vos pieds, ne me rejetez pas ! Venez à mon aide, assistez-moi !

– Je vous demande de m'être propice et de m'accorder toute votre sollicitude maternelle.

– Accordez-la aussi à tous ceux qui me sont chers. Vous qui pouvez tout obtenir, soyez leur providence. Protégez-les et que votre infinie bonté les aide à traverser sans danger les difficultés de ce monde. Aidez-moi à marcher avec courage si DIEU veut que ma route soit, comme à présent, dure et pénible, et si je dois continuer encore longtemps ce douloureux voyage, faites que je puisse prendre un instant de repos dans le silence de votre sanctuaire, afin de ne pas succomber à mes souffrances.

– Alors, mes yeux mouillés de larmes, se sécheront dans le bonheur de contempler votre adorable fils et je ne vous quitterai pas sans que mon âme soit remplie du souvenir de vos bontés et sans que l'espoir soit de nouveau dans mon cœur.

– En votre présence, vous ranimez tout mon être en récitant cette prière que je répéterai sans cesse avec confiance.

– Ô notre Dame de SAINTE ESPÉRANCE, Ô Divin Fils de la VIERGE MARIE, j'espère en vous. Aidez-moi à surmonter cet état anxieux passager, à vaincre mes peurs et mes angoisses. Rendez-moi le courage, la volonté et la force nécessaire à changer mes habitudes mentales, apprenez-moi à positiver, plutôt que toujours me créer des inquiétudes. Venez à mon secours et ne m'abandonnez pas !»

AINSI SOIT-IL !

Poursuivre avec...

CHAPITRE IV

VOS PRIÈRES

De

L'ÉTAPE 2

 හ෴ශ

1/ Parmi les 72

cités ci-après,

trouvez

la prière à

<u>VOTRE</u>

ANGE GARDIEN
*(si vous ne le connaissez pas,
reportez-vous au chapitre V)*

ഔഈ

☞ Votre Ange Gardien se nomme VÉHUIAH
(Ange N°1)

– Il influence les personnes nées du 21 au 25 MARS, ou ayant le SOLEIL de 0° à 4,59° du BÉLIER.

– Élément **FEU**, faisant partie du **Groupe** *ou* **Chœur** des SÉRAPHINS *(commandés par L'ARCHANGE MÉTATRON)*, Il représente la **VOLONTÉ et la FORCE MORALE, est en** analogie avec **URANUS**, planète de **L'INDÉPENDANCE, du CHANGEMENT.**

➢ **VÉHUIAH** vous accorde, si vous l'invoquez, de percer à jour le secret des choses, car l'intuition est votre guide principal. Il vous permet d'obtenir le courage pour entreprendre des projets difficiles; une énergie intense et immense. Mais aussi, la POSSIBILITÉ d'aider les autres. De nombreuses transformations ou bouleversements marqueront votre vie.

– Ce Gardien veille aussi à ce que la personne soit aimée, comme s'il s'agissait d'un premier amour.

➢ DIALOGUE AVEC VOTRE ANGE GARDIEN

– *VÉ-HU-IAH, mon ami, mon être intérieur, toi qui me protèges et qui veilles sur moi depuis ma naissance, je sais que tu me laisses maître.sse de mes choix et de mes décisions, car j'ai le libre arbitre. Mais je sais aussi que, si je t'appelle à mon secours, tu seras là pour me sauver; si j'ai besoin de tes conseils, tu seras là pour me guider; si j'ai besoin de réconfort, tu seras là pour me consoler; si j'ai besoin de ton appui, tu seras là pour me soutenir, et si j'ai besoin de ton aide, tu seras là pour exaucer mon vœu ou pour m'assister dans ma tâche.*

– *C'est pourquoi* **VÉ-HU-IAH,** *aujourd'hui, je te demande ton aide afin que... (Voir suggestion page 128.)*

– **Puis finir par** : « *Déverse sur moi les Vertus et les Pouvoirs dont tu es porteur et Délivre-moi de la mauvaise influence de* **BELZÉBUTH** *auquel je renonce à tout jamais avec* **FORCE et VOLONTÉ !** » **MERCI.**

☞ Votre Ange Gardien se nomme **JÉHIEL**
(Ange N°2)

– Il influence les personnes nées du 26 et le 30 MARS, ou ayant le SOLEIL de 5° à 9,59° du BÉLIER.

– Élément **FEU**, partie du **Groupe** *ou* **Chœur** des *SÉRAPHINS*, représente la **FORCE MORALE et la VOLONTÉ**. Est en analogie avec **SATURNE**, planète de **LA LOI, de la RÉFLEXION et de la SOLIDITÉ.**

➤ **JÉHIEL** vous accorde, si vous l'invoquez, une énergie et une endurance hors du commun. Il régit le pouvoir de concrétisation et de solidification de n'importe quelle réalité. Symbolise la fécondité et la constance, Il procure la SOLIDITÉ, la tranquillité paisible, la fidélité du conjoint, l'obéissance des enfants. Il vous transmet une âme de chef de clan de famille.

– Avec JÉHIEL, vous ne cherchez jamais à diviser pour régner. L'ÉQUILIBRE est votre force. Il fait aussi gagner les procès et annule tout litige, toute querelle, tout divorce...

➤ DIALOGUE AVEC VOTRE ANGE GARDIEN

– *JÉ-HIEL, mon ami, mon être intérieur, toi qui me protèges et qui veilles sur moi depuis ma naissance, je sais que tu me laisses maître.sse de mes choix et de mes décisions, car j'ai le libre arbitre. Mais je sais aussi que, si je t'appelle à mon secours, tu seras là pour me sauver; si j'ai besoin de tes conseils, tu seras là pour me guider; si j'ai besoin de réconfort, tu seras là pour me consoler; si j'ai besoin de ton appui, tu seras là pour me soutenir, et si j'ai besoin de ton aide, tu seras là pour exaucer mon vœu ou pour m'assister dans ma tâche.*

– *C'est pourquoi* **JÉ-HIEL,** *aujourd'hui, je te demande ton aide afin que... (Voir suggestion page 128.)*

– **Puis finir par :** « *Déverse sur moi les Vertus et les Pouvoirs dont tu es porteur et Délivre-moi de la mauvaise influence de* **BELZÉBUTH** *auquel je renonce à tout jamais avec* **FORCE et VOLONTÉ !** » *MERCI.*

☞ Votre Ange Gardien se nomme **SITAEL**
(Ange N°3)

– Il influence les personnes nées du 31 MARS au 4 AVRIL, ou ayant le SOLEIL de 10° à 14,59° du BÉLIER.

– Élément **FEU**, faisant partie du **Groupe** *ou* **Chœur** des *SÉRAPHINS* représente la **FORCE MORALE, la VOLONTÉ.**

– En analogie avec **JUPITER,** planète de **la CHANCE du SUCCÈS et des VOYAGES.**

➤ **SITAEL** vous accorde, si vous l'invoquez, le don de tout faire fructifier. Vous ne devez pas vous limiter à émettre vos idées, car vous aurez les moyens de les faire se réaliser. Grâce à SITAEL, vous faites preuve d'une grande aptitude à gérer plusieurs situations en même temps, et votre flair ne vous trompe jamais. Face à l'adversité, votre courge est exemplaire

➤ DIALOGUE AVEC VOTRE ANGE GARDIEN

– *SI-TA-EL, mon ami, mon être intérieur, toi qui me protèges et qui veilles sur moi depuis ma naissance, je sais que tu me laisses maître.sse de mes choix et de mes décisions, car j'ai le libre arbitre. Mais je sais aussi que, si je t'appelle à mon secours, tu seras là pour me sauver; si j'ai besoin de tes conseils, tu seras là pour me guider; si j'ai besoin de réconfort, tu seras là pour me consoler; si j'ai besoin de ton appui, tu seras là pour me soutenir, et si j'ai besoin de ton aide, tu seras là pour exaucer mon vœu ou pour m'assister dans ma tâche.*

– *C'est pourquoi* **SI-TA-EL,** *aujourd'hui, je te demande ton aide afin que...* (Voir suggestion page 128.)

– **Puis finir par** : « *Déverse sur moi les Vertus et les Pouvoirs dont tu es porteur et Délivre-moi de la mauvaise influence de* **BELZÉBUTH** *auquel je renonce à tout jamais avec* **FORCE et VOLONTÉ !** » ***MERCI.***

☞ Votre Ange Gardien se nomme ÉLÉMIAH
(Ange N°4)

    – Il influence les personnes nées du 5 au et 9 AVRIL, ou ayant le SOLEIL de 15° à 19,59° du **BÉLIER**.

    – Élément **FEU**, faisant partie du **Groupe** *ou* **Chœur** des *SÉRAPHINS*, représente la **VOLONTÉ et la FORCE MORALE**.

    – En analogie avec **MARS, planète de L'ACTION et du DÉSIR**.

    ➤ **ÉLÉMIAH** vous accorde, si vous l'invoquez, le SUCCÈS et la CHANCE. Vous donne l'énergie pour la combativité et un esprit d'initiative, allié à votre courage, ce qui vous ouvre les portes de la réussite. Il vous accorde également le pouvoir de RÉPARATION comme de restauration des rythmes, des règles de fonctionnement de toute chose. Ce qui permet d'en finir avec une mauvaise période, et pour en commencer une heureuse…

➤ DIALOGUE AVEC VOTRE ANGE GARDIEN

    – *É-LÉ-MIAH, mon ami, mon être intérieur, toi qui me protèges et qui veilles sur moi depuis ma naissance, je sais que tu me laisses maître.sse de mes choix et de mes décisions, car j'ai le libre arbitre. Mais je sais aussi que, si je t'appelle à mon secours, tu seras là pour me sauver; si j'ai besoin de tes conseils, tu seras là pour me guider; si j'ai besoin de réconfort, tu seras là pour me consoler; si j'ai besoin de ton appui, tu seras là pour me soutenir, et si j'ai besoin de ton aide, tu seras là pour exaucer mon vœu ou pour m'assister dans ma tâche.*

    – *C'est pourquoi* **ÉLÉMIAH**, *aujourd'hui, je te demande ton aide afin que… (Voir suggestion page 128.)*

    – **Puis finir par :** *« Déverse sur moi les Vertus et les Pouvoirs dont tu es porteur et Délivre-moi de la mauvaise influence de* **BELZÉBUTH** *auquel je renonce à tout jamais avec* **FORCE et VOLONTÉ !** *»* **MERCI.**

☞ Votre Ange Gardien se nomme **MAHASIAH**
(Ange N°5)

– Il influence les personnes nées du 10 au 14 AVRIL, ou ayant le SOLEIL de 20° à 24,59° du **BÉLIER**.

– Élément **FEU**, faisant partie du **Groupe** *ou* **Chœur** des *SÉRAPHINS*, représente la **VOLONTÉ, la FORCE MORALE**.

– En analogie avec **le SOLEIL** astre de **la PERSON-NALITÉ, de la RENOMMÉE et de la SANTÉ**.

➤ **MAHASIAH** vous accorde, si vous l'invoquez, L'ÉQUILIBRE, L'APAISEMENT, malgré un fort désir (inné) de commander, d'avoir raison à tout prix. Symbole de paix et d'harmonie, il vous octroie la POSSIBILITÉ de réconcilier plusieurs personnes, ou de servir de nobles causes. Vous savez accorder une grande importance à la communication et votre sens de l'écoute fait de vous une personne à qui l'on aime se confier.

➤ DIALOGUE AVEC VOTRE ANGE GARDIEN

– *MA-HA-SIAH, mon ami, mon être intérieur, toi qui me protèges et qui veilles sur moi depuis ma naissance, je sais que tu me laisses maître.sse de mes choix et de mes décisions, car j'ai le libre arbitre. Mais je sais aussi que, si je t'appelle à mon secours, tu seras là pour me sauver; si j'ai besoin de tes conseils, tu seras là pour me guider; si j'ai besoin de réconfort, tu seras là pour me consoler; si j'ai besoin de ton appui, tu seras là pour me soutenir, et si j'ai besoin de ton aide, tu seras là pour exaucer mon vœu ou pour m'assister dans ma tâche.*

– *C'est pourquoi* MAHASIAH, *aujourd'hui, je te demande ton aide afin que... (Voir suggestion page 128.)*

– **Puis finir par** : « *Déverse sur moi les Vertus et les Pouvoirs dont tu es porteur et Délivre-moi de la mauvaise influence de* **BELZÉBUTH** *auquel je renonce à tout jamais avec* **FORCE et VOLONTÉ !** » *MERCI.*

☞ Votre Ange Gardien se nomme **LELAHEL**
(Ange N°6)

– Il influence les personnes nées du 15 au 19-20 AVRIL, ou ayant le SOLEIL de 25° à 29,59° du **BÉLIER.**
– Élément **FEU**, faisant partie du **Groupe** *ou* **Chœur** des *SÉRAPHINS*, représente la **VOLONTÉ, la FORCE MORALE.**
– En analogie avec **VÉNUS** planète de **la BEAUTÉ et de L'AMOUR.**

➤ **LELAHEL** vous accorde, si vous l'invoquez, le pouvoir de guérison rapide des maladies, l'illumination spirituelle, la RENOMMÉE, la fortune dans le monde des arts et des sciences. Avec LELAHEL, vous aimez communiquer vos passions. Peu matérialiste, vous recherchez la spiritualité avant tout. Ainsi, vous pouvez apporter aux autres, la BEAUTÉ et la douceur.

➤ DIALOGUE AVEC VOTRE ANGE GARDIEN

– *LE-LA-HEL, mon ami, mon être intérieur, toi qui me protèges et qui veilles sur moi depuis ma naissance, je sais que tu me laisses maître.sse de mes choix et de mes décisions, car j'ai le libre arbitre. Mais je sais aussi que, si je t'appelle à mon secours, tu seras là pour me sauver; si j'ai besoin de tes conseils, tu seras là pour me guider; si j'ai besoin de réconfort, tu seras là pour me consoler; si j'ai besoin de ton appui, tu seras là pour me soutenir, et si j'ai besoin de ton aide, tu seras là pour exaucer mon vœu ou pour m'assister dans ma tâche.*

– *C'est pourquoi* **LELAHEL,** *aujourd'hui, je te demande ton aide afin que... (Voir suggestion page 128.)*

– **Puis finir par :** « *Déverse sur moi les Vertus et les Pouvoirs dont tu es porteur et Délivre-moi de la mauvaise influence de* **BELZÉBUTH** *auquel je renonce à tout jamais avec* **FORCE et VOLONTÉ !** » *MERCI.*

☞ Votre Ange Gardien se nomme **ACHAIAH**
(Ange N°7)

– Il influence les personnes nées du 21 au 25 AVRIL, ou ayant le SOLEIL de 0° à 4,59° du **TAUREAU**.

– Élément **TERRE** faisant partie du **Groupe** *ou* **Chœur** des *SÉRAPHINS*, représente la **VOLONTÉ et la FORCE MORALE.**

– En analogie avec **MERCURE,** planète de **L'INTELLIGENCE et de la COMMUNICATION.**

➤ **ACHAIAH** vous accorde, si vous l'invoquez de découvrir le sens de la Vie, le retour à la Foi, ainsi que la patience pour maîtriser toute difficulté, tout en favorisant une bonne compréhension.

– La patience étant aussi votre grande force, vous pouvez donc atteindre et concrétiser de vastes projets. Également, vous pouvez, si vous le désirez guider les autres et les aider à se découvrir, car vous êtes très réceptif.ve aux émotions d'autrui.

➤ DIALOGUE AVEC VOTRE ANGE GARDIEN

– *A-CHA-IAH, mon ami, mon être intérieur, toi qui me protèges et qui veilles sur moi depuis ma naissance, je sais que tu me laisses maître.sse de mes choix et de mes décisions, car j'ai le libre arbitre. Mais je sais aussi que, si je t'appelle à mon secours, tu seras là pour me sauver; si j'ai besoin de tes conseils, tu seras là pour me guider; si j'ai besoin de réconfort, tu seras là pour me consoler; si j'ai besoin de ton appui, tu seras là pour me soutenir, et si j'ai besoin de ton aide, tu seras là pour exaucer mon vœu ou pour m'assister dans ma tâche.*

– *C'est pourquoi* **ACHAIAH**, *aujourd'hui, je te demande ton aide afin que... (Voir suggestion page 128.)*

– **Puis finir par** : « *Déverse sur moi les Vertus et les Pouvoirs dont tu es porteur et Délivre-moi de la mauvaise influence de* **BELZÉBUTH** *auquel je renonce à tout jamais avec* **FORCE et VOLONTÉ !** » **MERCI.**

☞ Votre Ange Gardien se nomme CAHÉTEL
(Ange N°8)

– Il influence les personnes nées du 26 au 30 AVRIL, ou ayant le SOLEIL de 5° à 9,59° du **TAUREAU**.

– **Élément TERRE** faisant partie du **Groupe** *ou* **Chœur** des *SÉRAPHINS*, représente la **VOLONTÉ et la FORCE MORALE.**

– En analogie avec **la LUNE** astre de **la FAMILLE, du FOYER de L'IMAGINATION et des RÊVES.**

➤ **CAHÉTEL** vous accorde, si vous l'invoquez, de multiples talents (humour, générosité, courage, entre autres).

– Symbolisant la nature et le respect de la vie, et étant l'ange du FOYER, Il favorise tout ce qui concerne donc : le cocon familial et son embellissement. Grâce à CAHÉTEL, votre enthousiasme est un stimulant qui vous fait entraîner les vôtres dans votre sillage. Connaissant l'importance de chaque action, vos efforts sont toujours récompensés.

➤ **DIALOGUE AVEC VOTRE ANGE GARDIEN**

– *CA-HÉ-TEL, mon ami, mon être intérieur, toi qui me protèges et qui veilles sur moi depuis ma naissance, je sais que tu me laisses maître.sse de mes choix et de mes décisions, car j'ai le libre arbitre. Mais je sais aussi que, si je t'appelle à mon secours, tu seras là pour me sauver; si j'ai besoin de tes conseils, tu seras là pour me guider; si j'ai besoin de réconfort, tu seras là pour me consoler; si j'ai besoin de ton appui, tu seras là pour me soutenir, et si j'ai besoin de ton aide, tu seras là pour exaucer mon vœu ou pour m'assister dans ma tâche.*

– *C'est pourquoi CAHÉTEL, aujourd'hui, je te demande ton aide afin que... (Voir suggestion page 128.)*

– **Puis finir par** : « *Déverse sur moi les Vertus et les Pouvoirs dont tu es porteur et Délivre-moi de la mauvaise influence de BELZÉBUTH auquel je renonce à tout jamais avec FORCE et VOLONTÉ !* » *MERCI.*

☞ Votre Ange Gardien se nomme **HAZIEL**
(Ange N°9)

– Il influence les personnes nées du 1er au 5 MAI, ou ayant le SOLEIL de 10° à 14,59° du **TAUREAU**.

– **Élément TERRE** faisant partie du Groupe *ou* Chœur des **CHÉRUBINS**, représente **L'AMOUR du DIVIN, la BEAUTÉ et la BONTÉ**. En analogie avec **URANUS**, planète de **L'INDÉPENDANCE, du CHANGEMENT.**

➤ **HAZIEL** vous accorde, si vous l'invoquez, la GRÂCE et l'amour UNIVERSEL, ainsi que l'annulation des fautes de vos vies antérieures (votre KARMA est effacé) à condition de chercher toujours **la RÉCONCILIATION** et NON le combat, la dispute. HAZIEL vous confère un esprit curieux et original. Vous ne laissez rien au hasard. Doté·e d'une grande générosité, vous pouvez participer à des œuvres humanitaires ou défendre des causes désespérées.

➤ **DIALOGUE AVEC VOTRE ANGE GARDIEN**

– *HA-ZIEL mon ami, mon être intérieur, toi qui me protèges et qui veilles sur moi depuis ma naissance, je sais que tu me laisses maître.sse de mes choix et de mes décisions, car j'ai le libre arbitre. Mais je sais aussi que, si je t'appelle à mon secours, tu seras là pour me sauver; si j'ai besoin de tes conseils, tu seras là pour me guider; si j'ai besoin de réconfort, tu seras là pour me consoler; si j'ai besoin de ton appui, tu seras là pour me soutenir, et si j'ai besoin de ton aide, tu seras là pour exaucer mon vœu ou pour m'assister dans ma tâche.*

– *C'est pourquoi* **HAZIEL**, *aujourd'hui, je te demande ton aide afin que... (Voir suggestion page 128.)*

– **Puis finir par** : *« Déverse sur moi les Vertus et les Pouvoirs dont tu es porteur et Délivre-moi de la mauvaise influence* **du serpent PYTHON et ses Esprits menteurs** *auxquels je renonce à tout jamais contre* **L'AMOUR du DIVIN** *»* **MERCI.**

☞ Votre Ange Gardien se nomme **ALADIAH**
(Ange N°10)

– Il influence les personnes nées du 6 au 10 MAI, ou ayant le SOLEIL de 15° à 19,59° du **TAUREAU**.

– **Élément TERRE** faisant partie du **Groupe** *ou* **Chœur** des *CHÉRUBINS*, représente **L'AMOUR du DIVIN, la BEAUTÉ et la BONTÉ**. En analogie avec **SATURNE**, planète de **LA LOI, de la RÉFLEXION et de la SOLIDITÉ**.

➤ **ALADIAH** vous accorde, si vous l'invoquez, le pardon du KARMA, qui concerne l'incarnation présente. Vous pouvez donc vous libérer de votre passé, de toute difficulté ou contrainte pénible et ainsi, tout recommencer. Symbole de lucidité et de compassion, Il vous confère une aura imposante auprès d'autrui. Vous inspirez confiance, ce qui fait de vous une personne recherchée, car IL vous octroie le don de guérir les autres (les os surtout).

➤ **DIALOGUE AVEC VOTRE ANGE GARDIEN**

– *ALA-DIAH, mon ami, mon être intérieur, toi qui me protèges et qui veilles sur moi depuis ma naissance, je sais que tu me laisses maître.sse de mes choix et de mes décisions, car j'ai le libre arbitre. Mais je sais aussi que, si je t'appelle à mon secours, tu seras là pour me sauver; si j'ai besoin de tes conseils, tu seras là pour me guider; si j'ai besoin de réconfort, tu seras là pour me consoler; si j'ai besoin de ton appui, tu seras là pour me soutenir, et si j'ai besoin de ton aide, tu seras là pour exaucer mon vœu ou pour m'assister dans ma tâche.*

– *C'est pourquoi* **ALADIAH**, *aujourd'hui, je te demande ton aide afin que... (Voir suggestion page 128.)*

– **Puis finir par** : « *Déverse sur moi les Vertus et les Pouvoirs dont tu es porteur et Délivre-moi de la mauvaise influence* **du serpent PYTHON et ses Esprits menteurs** *auxquels je renonce à tout jamais CONTRE* **L'AMOUR du DIVIN** ! » *MERCI.*

☞ Votre Ange Gardien se nomme **LAUVUEL**
(Ange N°11)

— Il influence les personnes nées du 11 au 15 MAI, ou ayant le SOLEIL de 20° à 24,59° du **TAUREAU**.

— **Élément TERRE** faisant partie du **Groupe** *ou* **Chœur** des *CHÉRUBINS*, représente **la BEAUTÉ, la BONTÉ et L'AMOUR du DIVIN**.

— En analogie avec **JUPITER**, planète de **la CHANCE du SUCCÈS et des VOYAGES**.

➢ **LAUVUEL** vous accorde, si vous l'invoquez, la RENOMMÉE, la notoriété… ainsi que sa protection contre les désastres naturels et personnels.

— Symbolisant le pouvoir et la tolérance, vous savez allier sagesse et action. Ce qui fait de vous une personne efficace et avisée. Grand sens de la justice, vos jugements sont sans appel ! Mais dans certains cas, vous savez aussi accorder votre pardon !

➢ DIALOGUE AVEC VOTRE ANGE GARDIEN

— *LAU-VU-EL mon ami, mon être intérieur, toi qui me protèges et qui veilles sur moi depuis ma naissance, je sais que tu me laisses maître.sse de mes choix et de mes décisions, car j'ai le libre arbitre. Mais je sais aussi que, si je t'appelle à mon secours, tu seras là pour me sauver; si j'ai besoin de tes conseils, tu seras là pour me guider; si j'ai besoin de réconfort, tu seras là pour me consoler; si j'ai besoin de ton appui, tu seras là pour me soutenir, et si j'ai besoin de ton aide, tu seras là pour exaucer mon vœu ou pour m'assister dans ma tâche.*

— *C'est pourquoi LAUVUEL, aujourd'hui, je te demande ton aide afin que... (Voir suggestion page 128.)*

— **Puis finir par :** *« Déverse sur moi les Vertus et les Pouvoirs dont tu es porteur et Délivre-moi de la mauvaise influence du serpent PYTHON et ses Esprits menteurs auxquels je renonce à tout jamais CONTRE L'AMOUR du DIVIN ! »* **MERCI.**

☞ Votre Ange Gardien se nomme **HAHAIAH**
(Ange N°12)

– Il influence les personnes nées du 16 au 20 MAI, ou ayant le SOLEIL de 25° à 29,59° du **TAUREAU**.

– **Élément TERRE** faisant partie du **Groupe** *ou* **Chœur** des *CHÉRUBINS*, représente **L'AMOUR du DIVIN, la BEAUTÉ et la BONTÉ.**

– En analogie avec **MARS, planète de L'ACTION et du DÉSIR.**

➤ **HAHAIAH** vous accorde, si vous l'invoquez, la protection contre l'adversité et vous donne un caractère solide pour faire face aux problèmes en procurant la paix et sa bénédiction à tous ceux qui se sentent persécutés.

– Avec HAHAIAH, rien ne vous semble impossible ! Énergique et entreprenant·e, en principe, vous parvenez au but que vous vous êtes fixé tout en faisant preuve de prudence.

➤ DIALOGUE AVEC VOTRE ANGE GARDIEN

*– **HA-HA-IAH,** mon ami, mon être intérieur, toi qui me protèges et qui veilles sur moi depuis ma naissance, je sais que tu me laisses maître.sse de mes choix et de mes décisions, car j'ai le libre arbitre. Mais je sais aussi que, si je t'appelle à mon secours, tu seras là pour me sauver; si j'ai besoin de tes conseils, tu seras là pour me guider; si j'ai besoin de réconfort, tu seras là pour me consoler; si j'ai besoin de ton appui, tu seras là pour me soutenir, et si j'ai besoin de ton aide, tu seras là pour exaucer mon vœu ou pour m'assister dans ma tâche.*

*– C'est pourquoi **HAHAIAH,** aujourd'hui, je te demande ton aide afin que... (Voir suggestion page 128.)*

*– **Puis finir par** : « Déverse sur moi les Vertus et les Pouvoirs dont tu es porteur et Délivre-moi de la mauvaise influence **du serpent PYTHON et ses Esprits menteurs** auxquels je renonce à tout jamais CONTRE **L'AMOUR du DIVIN** ! »*
MERCI.

☞ Votre Ange Gardien se nomme IÉZALEL
(Ange N°13)

– Il influence les personnes nées du 21 au 25 MAI, ou ayant le SOLEIL de 0° à 4,59° des **GÉMEAUX**.

– **Élément AIR**, faisant partie du **Groupe** *ou* **Chœur** des *CHÉRUBINS*, représente **L'AMOUR du DIVIN, la BEAUTÉ et la BONTÉ.**

– En analogie avec **le SOLEIL** astre de **la PERSONNALITÉ, de la RENOMMÉE et de la SANTÉ.**

➤ **IÉZALEL** vous accorde, si vous l'invoquez, fidélité conjugale, réconciliation des époux, puissance et heureuse mémoire, habilité dans la réalisation de n'importe quelle tâche.

– Votre vie est souvent ponctuée par de grandes remises en question. D'une nature fidèle, vous respectez vos engagements, ce qui suscite l'admiration autour de vous. Soif de connaissances, vous cherchez à percer les secrets de la Vie.

➤ DIALOGUE AVEC VOTRE ANGE GARDIEN

– *IÉ-ZA-LEL, mon ami, mon être intérieur, toi qui me protèges et qui veilles sur moi depuis ma naissance, je sais que tu me laisses maître.sse de mes choix et de mes décisions, car j'ai le libre arbitre. Mais je sais aussi que, si je t'appelle à mon secours, tu seras là pour me sauver; si j'ai besoin de tes conseils, tu seras là pour me guider; si j'ai besoin de réconfort, tu seras là pour me consoler; si j'ai besoin de ton appui, tu seras là pour me soutenir, et si j'ai besoin de ton aide, tu seras là pour exaucer mon vœu ou pour m'assister dans ma tâche.*

– *C'est pourquoi IÉ-ZA-LEL, aujourd'hui, je te demande ton aide afin que... (Voir suggestion page 128.)*

– **Puis finir par** : « *Déverse sur moi les Vertus et les Pouvoirs dont tu es porteur et Délivre-moi de la mauvaise influence **du serpent PYTHON et ses Esprits menteurs** auxquels je renonce à tout jamais CONTRE **L'AMOUR du DIVIN** !* » *MERCI.*

☞ Votre Ange Gardien se nomme MÉBAHEL
(Ange N°14)

– Il influence les personnes nées du 26 au 31 MAI, ou ayant le SOLEIL de 5° à 9,59° des **GÉMEAUX**.

– **Élément AIR,** faisant partie du **Groupe** *ou* **Chœur** des **CHÉRUBINS**, représente **L'AMOUR du DIVIN, la BEAUTÉ et la BONTÉ.** En analogie avec **VÉNUS** planète de **la BEAUTÉ et de L'AMOUR.**

➢ **MÉBAHEL** vous accorde, si vous l'invoquez, **JUSTICE, LIBERTÉ, VÉRITÉ.** Symbole de LOI et de DROITURE, Il protège les prisonniers condamnés injustement et favorise leur libération. Il est L'ANGE qui redonne courage à ceux qui ont perdu l'espoir; Il nous fait voir que tout conduit au bien. Avec MÉBAHEL, votre souci d'égalité fait de vous une personne capable d'entrer en luttes contre toutes formes d'oppressions …

➢ DIALOGUE AVEC VOTRE ANGE GARDIEN

– *MÉ-BA-HEL, mon ami, mon être intérieur, toi qui me protèges et qui veilles sur moi depuis ma naissance, je sais que tu me laisses maître.sse de mes choix et de mes décisions, car j'ai le libre arbitre. Mais je sais aussi que, si je t'appelle à mon secours, tu seras là pour me sauver; si j'ai besoin de tes conseils, tu seras là pour me guider; si j'ai besoin de réconfort, tu seras là pour me consoler; si j'ai besoin de ton appui, tu seras là pour me soutenir, et si j'ai besoin de ton aide, tu seras là pour exaucer mon vœu ou pour m'assister dans ma tâche.*

– *C'est pourquoi* **MÉBAHEL,** *aujourd'hui, je te demande ton aide afin que… (Voir suggestion page 128.)*

– <u>***Puis finir par***</u> *:« Déverse sur moi les Vertus et les Pouvoirs dont tu es porteur et Délivre-moi de la mauvaise influence* **du serpent PYTHON et ses Esprits menteurs** *auxquels je renonce à tout jamais CONTRE* **L'AMOUR du DIVIN** *! »* **MERCI.**

☞ Votre Ange Gardien se nomme **HARIEL**
(Ange N°15)

– Il influence les personnes nées du 1ᵉʳ au 5 JUIN, ou ayant le SOLEIL de 10° à 14,59° des **GÉMEAUX**.

– **Élément AIR**, faisant partie du **Groupe** *ou* **Chœur** des *CHÉRUBINS*, représente **L'AMOUR du DIVIN, la BEAUTÉ et la BONTÉ**. En analogie avec **MERCURE** planète de **L'INTELLIGENCE et de la COMMUNICATION**.

➢ **HARIEL** vous accorde, si vous l'invoquez, d'améliorer votre quotidien. Cependant, vous devez éviter de critiquer, d'ironiser, afin de faire jaillir, de vos paroles, L'AMOUR... Après des périodes de doutes, si vous savez tirer des enseignements de vos erreurs, vous vous rétablirez très vite, et avec la Foi qui vous anime, **HARIEL** vous conduira vers la grande route logique de votre existence et vous permettra de trouver votre place au SOLEIL !

➢ **DIALOGUE AVEC VOTRE ANGE GARDIEN**

– *HA-RIEL, mon ami, mon être intérieur, toi qui me protèges et qui veilles sur moi depuis ma naissance, je sais que tu me laisses maître.sse de mes choix et de mes décisions, car j'ai le libre arbitre. Mais je sais aussi que, si je t'appelle à mon secours, tu seras là pour me sauver; si j'ai besoin de tes conseils, tu seras là pour me guider; si j'ai besoin de réconfort, tu seras là pour me consoler; si j'ai besoin de ton appui, tu seras là pour me soutenir, et si j'ai besoin de ton aide, tu seras là pour exaucer mon vœu ou pour m'assister dans ma tâche.*

– *C'est pourquoi* **HARIEL**, *aujourd'hui, je te demande ton aide afin que... (Voir suggestion page 128.)*

– **Puis finir par** : *« Déverse sur moi les Vertus et les Pouvoirs dont tu es porteur et Délivre-moi de la mauvaise influence* **du serpent PYTHON et ses Esprits menteurs** *auxquels je renonce à tout jamais CONTRE* **L'AMOUR du DIVIN** *! »* *MERCI.*

☞ Votre Ange Gardien se nomme **HÉKAMIAH**
(Ange N°16)

– Il influence les personnes nées 6 au 10 JUIN, ou ayant le SOLEIL de 15° à 19,59° des **GÉMEAUX.**

– **Élément AIR,** faisant partie du **Groupe** *ou* **Chœur** des *CHÉRUBINS*, représente **L'AMOUR du DIVIN, la BEAUTÉ et la BONTÉ.**

– En analogie avec **la LUNE** astre de **la FAMILLE, du FOYER de L'IMAGINATION et des RÊVES.**

➤ **HÉKAMIAH** vous accorde, si vous l'invoquez, loyauté de votre entourage – l'amour des personnes du sexe opposé.

– Symbole de jeunesse et d'amitié, votre droiture et franchise, font de vous l'ami·e idéal·e. Vous savez accorder du temps à autrui. Écoutez votre petite voix, elle vous parle souvent et vous guide.

➤ DIALOGUE AVEC VOTRE ANGE GARDIEN

– *HÉ-KA-MIAH, mon ami, mon être intérieur, toi qui me protèges et qui veilles sur moi depuis ma naissance, je sais que tu me laisses maître.sse de mes choix et de mes décisions, car j'ai le libre arbitre. Mais je sais aussi que, si je t'appelle à mon secours, tu seras là pour me sauver; si j'ai besoin de tes conseils, tu seras là pour me guider; si j'ai besoin de réconfort, tu seras là pour me consoler; si j'ai besoin de ton appui, tu seras là pour me soutenir, et si j'ai besoin de ton aide, tu seras là pour exaucer mon vœu ou pour m'assister dans ma tâche.*

– *C'est pourquoi HÉKAMIAH, aujourd'hui, je te demande ton aide afin que... (Voir suggestion page 128.)*

– **Puis finir par** : *« Déverse sur moi les Vertus et les Pouvoirs dont tu es porteur et Délivre-moi de la mauvaise influence du serpent PYTHON et ses Esprits menteurs auxquels je renonce à tout jamais CONTRE L'AMOUR du DIVIN ! » MERCI.*

☞ Votre Ange Gardien se nomme **LAUVIAH**
(Ange N°17)

– Il influence les personnes nées du 11 au 15 JUIN, ou ayant le SOLEIL de 20° à 24,59° des **GÉMEAUX**.

– **Élément AIR,** faisant partie du **Groupe** *ou* **Chœur** des *TRÔNES*, représente la faculté de **COMPRENDRE, D'IMAGI-NER et de CONCEVOIR.** En analogie avec **URANUS**, planète de **L'INDÉPENDANCE, du CHANGEMENT.**

➢ **LAUVIAH** vous accorde, de faire disparaître les angoisses et la tristesse, car votre esprit analytique et votre hypersensibilité vous prédisposent à des dons médiumniques, ce qui vous permet d'appréhender les événements difficiles de l'existence, et de découvrir la face cachée des choses, d'explorer l'âme humaine… LAUVIAH permet aussi de renouer avec nos anciens amis, vaincre l'insomnie, bien récupérer…

➢ DIALOGUE AVEC VOTRE ANGE GARDIEN

– *LAU-VIAH,* *mon ami, mon être intérieur, toi qui me protèges et qui veilles sur moi depuis ma naissance, je sais que tu me laisses maître.sse de mes choix et de mes décisions, car j'ai le libre arbitre. Mais je sais aussi que, si je t'appelle à mon secours, tu seras là pour me sauver; si j'ai besoin de tes conseils, tu seras là pour me guider; si j'ai besoin de réconfort, tu seras là pour me consoler; si j'ai besoin de ton appui, tu seras là pour me soutenir, et si j'ai besoin de ton aide, tu seras là pour exaucer mon vœu ou pour m'assister dans ma tâche.*

– *C'est pourquoi LAUVIAH, aujourd'hui, je te demande ton aide afin que… (Voir suggestion page 128.)*

– **Puis finir par :** *« Déverse sur moi les Vertus et les Pouvoirs dont tu es porteur et Délivre-moi de la mauvaise influence* **de BÉLIAL et ses Vases de fureur** *auxquels je renonce à tout jamais avec* **INTELLIGENCE et STABILITÉ !** *»* *MERCI.*

☞ Votre Ange Gardien se nomme **CALIEL**
(Ange N°18)

– Il influence les personnes nées du 16 au 21 JUIN, ou ayant le SOLEIL de 25° à 29,59° des **GÉMEAUX**.

– **Élément AIR,** faisant partie du **Groupe** *ou* **Chœur** des *TRÔNES*, représente la faculté de **COMPRENDRE, D'IMAGI-NER et de CONCEVOIR**. En analogie avec **SATURNE,** planète de **la LOI – RÉFLEXION – SOLIDITÉ**.

➤ **CALIEL** vous accorde, si vous l'invoquez, d'être rapidement aidé.e dans l'adversité; d'obtenir la victoire de la VÉRITÉ devant la justice des hommes, de confondre les faux témoins et calomniateurs. Il symbolise le triomphe de la VÉRITÉ. Vous ne reculez devant aucun obstacle, votre détermination est absolue. En revanche, votre souci de perfection peut vous rendre trop critique. Mais votre BONTÉ naturelle reprend rapidement ses droits, car étant maître.sse de vous-même, vous aimez aider autrui.

➤ DIALOGUE AVEC VOTRE ANGE GARDIEN

– *CA-LIEL, mon ami, mon être intérieur, toi qui me protèges et qui veilles sur moi depuis ma naissance, je sais que tu me laisses maître.sse de mes choix et de mes décisions, car j'ai le libre arbitre. Mais je sais aussi que, si je t'appelle à mon secours, tu seras là pour me sauver; si j'ai besoin de tes conseils, tu seras là pour me guider; si j'ai besoin de réconfort, tu seras là pour me consoler; si j'ai besoin de ton appui, tu seras là pour me soutenir, et si j'ai besoin de ton aide, tu seras là pour exaucer mon vœu ou pour m'assister dans ma tâche.*

– *C'est pourquoi **CALIEL**, aujourd'hui, je te demande ton aide afin que... (Voir suggestion page 128.)*

– **Puis finir par :** *« Déverse sur moi les Vertus et les Pouvoirs dont tu es porteur et Délivre-moi de la mauvaise influence **de BÉLIAL et ses Vases de fureur** auxquels je renonce à tout jamais avec **INTELLIGENCE et STABILITÉ** ! »* *MERCI.*

☞ Votre Ange Gardien se nomme **LEUVIAH**
(Ange N°19)

– Il influence les personnes nées du 22 au 26 JUIN, ou ayant le SOLEIL de 0° à 4,59° du **CANCER**.

– **Élément EAU**, faisant partie du **Groupe** *ou* **Chœur** des **TRÔNES**, représente la faculté de **COMPRENDRE, D'IMA-GINER et de CONCEVOIR**.

– En analogie avec **JUPITER**, planète de **la CHANCE du SUCCÈS et des VOYAGES**.

➤ **LEUVIAH** vous accorde, la grâce et la bénédiction de la Providence. Doté·e d'une excellente mémoire, de souvenirs utiles, ce qui vous permet de la mettre au service d'autrui. Votre intelligence est une aide précieuse, vous savez comprendre les autres et faites preuve de modestie en toutes circonstances, ce qui fait que l'on vous apprécie. Grâce à LEUVIAH, vous surmontez l'adversité par la résignation si besoin est…

➤ **DIALOGUE AVEC VOTRE ANGE GARDIEN**

– *LEU-VIAH,* mon ami, mon être intérieur, toi qui me protèges et qui veilles sur moi depuis ma naissance, je sais que tu me laisses maître.sse de mes choix et de mes décisions, car j'ai le libre arbitre. Mais je sais aussi que, si je t'appelle à mon secours, tu seras là pour me sauver; si j'ai besoin de tes conseils, tu seras là pour me guider; si j'ai besoin de réconfort, tu seras là pour me consoler; si j'ai besoin de ton appui, tu seras là pour me soutenir, et si j'ai besoin de ton aide, tu seras là pour exaucer mon vœu ou pour m'assister dans ma tâche.

– *C'est pourquoi* **LEUVIAH**, *aujourd'hui, je te demande ton aide afin que…* (Voir suggestion page 128.)

– **<u>Puis finir par</u> :** « *Déverse sur moi les Vertus et les Pouvoirs dont tu es porteur et Délivre-moi de la mauvaise influence **de BÉLIAL et ses Vases de fureur** auxquels je renonce à tout jamais avec **INTELLIGENCE et STABILITÉ !** » MERCI.*

☞ Votre Ange Gardien se nomme **PAHALIAH**
(Ange N°20)

    – Il influence les personnes nées du 27 JUIN au 1ᵉʳ JUILLET, ou ayant le SOLEIL de 5° à 9,59° du **CANCER**.

    – **Élément EAU**, faisant partie du **Groupe** *ou* **Chœur** des *TRÔNES* représente la faculté de **COMPRENDRE, D'IMAGINER et de CONCEVOIR**.

    – En analogie avec **MARS, planète de L'ACTION et du DÉSIR**.

    ➤ **PAHALIAH** vous accorde, si vous l'invoquez, l'inspiration et la vocation. Plaçant un grand espoir dans votre destinée, vous croyez en votre bonne étoile et vous avez raison. Vous vous remettez en question et vous vous réorientez si besoin est. D'un naturel enjoué, vous transmettez votre joie de vivre. PAHALIAH vous ouvre les portes de la découverte et de compréhension des Lois et de notre utilité dans le Monde.

➤ DIALOGUE AVEC VOTRE ANGE GARDIEN

    – *PA-HA-LIAH, mon ami, mon être intérieur, toi qui me protèges et qui veilles sur moi depuis ma naissance, je sais que tu me laisses maître.sse de mes choix et de mes décisions, car j'ai le libre arbitre. Mais je sais aussi que, si je t'appelle à mon secours, tu seras là pour me sauver; si j'ai besoin de tes conseils, tu seras là pour me guider; si j'ai besoin de réconfort, tu seras là pour me consoler; si j'ai besoin de ton appui, tu seras là pour me soutenir, et si j'ai besoin de ton aide, tu seras là pour exaucer mon vœu ou pour m'assister dans ma tâche.*

    – *C'est pourquoi PAHALIAH, aujourd'hui, je te demande ton aide afin que... (Voir suggestion page 128.)*

    – **Puis finir par :** *« Déverse sur moi les Vertus et les Pouvoirs dont tu es porteur et Délivre-moi de la mauvaise influence **de BÉLIAL et ses Vases de fureur** auxquels je renonce à tout jamais avec INTELLIGENCE et STABILITÉ ! »* *MERCI.*

☞ Votre Ange Gardien se nomme **NELCHAEL**
(Ange N°21)

— Il influence les personnes nées du 2 au 6 JUILLET, ou ayant le SOLEIL de 10° à 14,59° du **CANCER**.

— **Élément EAU**, faisant partie du **Groupe** *ou* **Chœur** des *TRÔNES* représente la faculté de **COMPRENDRE, D'IMAGINER et de CONCEVOIR**.

— En analogie avec **le SOLEIL** astre de **la PERSONNALITÉ, de la RENOMMÉE et de la SANTÉ**.

➢ **NELCHAEL** accorde, une nature ambitieuse et déterminée. Il vous permet la victoire absolue sur les forces du mal, Il libère d'une situation d'oppression, d'inquiétude, confond les calomniateurs. Avec **NELCHAEL**, vous vous êtes doté·e d'une faculté de l'observation et de bon sens. Tout vous intéresse.

— Votre goût des études surtout littéraire, peut vous ouvrir les portes de carrières dans l'enseignement.

➢ DIALOGUE AVEC VOTRE ANGE GARDIEN

— *NEL-CHA-EL, mon ami, mon être intérieur, toi qui me protèges et qui veilles sur moi depuis ma naissance, je sais que tu me laisses maître.sse de mes choix et de mes décisions, car j'ai le libre arbitre. Mais je sais aussi que, si je t'appelle à mon secours, tu seras là pour me sauver; si j'ai besoin de tes conseils, tu seras là pour me guider; si j'ai besoin de réconfort, tu seras là pour me consoler; si j'ai besoin de ton appui, tu seras là pour me soutenir, et si j'ai besoin de ton aide, tu seras là pour exaucer mon vœu ou pour m'assister dans ma tâche.*

— *C'est pourquoi NELCHAEL, aujourd'hui, je te demande ton aide afin que... (Voir suggestion page 128.)*

— **Puis finir par** : *« Déverse sur moi les Vertus et les Pouvoirs dont tu es porteur et Délivre-moi de la mauvaise influence de BÉLIAL et ses Vases de fureur auxquels je renonce à tout jamais avec INTELLIGENCE et STABILITÉ ! »* *MERCI.*

☞ Votre Ange Gardien se nomme YÉIALEL
(Ange N°22)

– Il influence les personnes nées du 7 au 11 JUILLET, ou ayant le SOLEIL de 15° à 19,59° du **CANCER**.

– **Élément EAU,** faisant partie du **Groupe** *ou* **Chœur** des ***TRÔNES*** représente la faculté de **COMPRENDRE, D'IMAGI-NER et de CONCEVOIR.**

– En analogie avec **VÉNUS** planète de **la BEAUTÉ et de L'AMOUR.**

➢ **YÉIALEL** vous accorde, si vous l'invoquez, l'entraide et la RENOMMÉE, car Il encourage l'art et la BONTÉ. Il a le sens des proportions, du bien et du mal dans les rapports sociaux. Avec YÉIALEL, vous détestez la routine, et vous mettez tout en œuvre pour que votre quotidien soit harmonieux.

– Créer sans cesse et votre principale motivation; l'étude des sciences humaines conviendrait totalement à votre sensibilité.

➢ DIALOGUE AVEC VOTRE ANGE GARDIEN

– *YÉ-IA-LEL, mon ami, mon être intérieur, toi qui me protèges et qui veilles sur moi depuis ma naissance, je sais que tu me laisses maître.sse de mes choix et de mes décisions, car j'ai le libre arbitre. Mais je sais aussi que, si je t'appelle à mon secours, tu seras là pour me sauver; si j'ai besoin de tes conseils, tu seras là pour me guider; si j'ai besoin de réconfort, tu seras là pour me consoler; si j'ai besoin de ton appui, tu seras là pour me soutenir, et si j'ai besoin de ton aide, tu seras là pour exaucer mon vœu ou pour m'assister dans ma tâche.*

– *C'est pourquoi* **YÉIALEL,** *aujourd'hui, je te demande ton aide afin que... (Voir suggestion page 128.)*

– **Puis finir par** : *« Déverse sur moi les Vertus et les Pouvoirs dont tu es porteur et Délivre-moi de la mauvaise influence* **de BÉLIAL et ses Vases de fureur** *auxquels je renonce à tout jamais avec* **INTELLIGENCE et STABILITÉ ! »** *MERCI.*

☞ Votre Ange Gardien se nomme **MÉLAHEL**
(Ange N°23)

– Il influence les personnes nées du 12 au 16 JUILLET, ou ayant le SOLEIL de 20° à 24,59° du **CANCER**.

– **Élément EAU**, faisant partie du **Groupe** *ou* **Chœur** des *TRÔNES*, représente la faculté de **COMPRENDRE, D'IMAGINER et de CONCEVOIR**.

– En analogie avec **MERCURE** planète de **L'INTELLIGENCE et de la COMMUNICATION**.

➢ **MÉLAHEL** accorde, si on l'invoque, une longue vie, car Il préserve des accidents (graves) et des dangers. Avec MÉLAHEL, vous avez un moral d'acier. D'un caractère stable et solide, vous êtes doté·e d'un intellect puissant. Votre raison dictant votre conduite et ayant pris connaissance que tout est le résultat d'une cause (que rien n'est dû au hasard), vous agissez de façon à ce que vos actions soient favorables.

➢ **DIALOGUE AVEC VOTRE ANGE GARDIEN**

– *MÉ-LA-HEL, mon ami, mon être intérieur, toi qui me protèges et qui veilles sur moi depuis ma naissance, je sais que tu me laisses maître.sse de mes choix et de mes décisions, car j'ai le libre arbitre. Mais je sais aussi que, si je t'appelle à mon secours, tu seras là pour me sauver; si j'ai besoin de tes conseils, tu seras là pour me guider; si j'ai besoin de réconfort, tu seras là pour me consoler; si j'ai besoin de ton appui, tu seras là pour me soutenir, et si j'ai besoin de ton aide, tu seras là pour exaucer mon vœu ou pour m'assister dans ma tâche.*

– *C'est pourquoi* **MÉLAHEL**, *aujourd'hui, je te demande ton aide afin que... (Voir suggestion page 128.)*

– **Puis finir par** : *« Déverse sur moi les Vertus et les Pouvoirs dont tu es porteur et Délivre-moi de la mauvaise influence* **de BÉLIAL et ses Vases de fureur** *auxquels je renonce à tout jamais avec* **INTELLIGENCE et STABILITÉ !** *»* **MERCI**.

☞ Votre Ange Gardien se nomme **HAHEUIAH**
(Ange N°24)

– Il influence les personnes nées du 17 au 22 JUILLET, ou ayant le SOLEIL de 25° à 29,59° du **CANCER**.

– **Élément EAU,** faisant partie du **Groupe** *ou* **Chœur** des ***TRÔNES***, représente la faculté de **COMPRENDRE, D'IMAGI-NER et de CONCEVOIR**.

– En analogie avec **la LUNE,** astre de **la FAMILLE, du FOYER de L'IMAGINATION et des RÊVES**.

➢ **HAHEUIAH** vous accorde sa protection mais surtout le don de rendre la SANTÉ et la plénitude morale à ceux qui les ont perdues ! Douceur – responsabilité – tempérance – endurance sont vos points forts. D'une nature très secrète, vous accordez beaucoup à votre vie intérieure, d'où parfois votre intérêt pou les sciences occultes. Votre modestie et votre capacité d'écouter autrui, font de vous un·e confident·e attentif·ve qui inspire la confiance.

➢ DIALOGUE AVEC VOTRE ANGE GARDIEN

– *HA-HEU-IAH, mon ami, mon être intérieur, toi qui me protèges et qui veilles sur moi depuis ma naissance, je sais que tu me laisses maître.sse de mes choix et de mes décisions, car j'ai le libre arbitre. Mais je sais aussi que, si je t'appelle à mon secours, tu seras là pour me sauver; si j'ai besoin de tes conseils, tu seras là pour me guider; si j'ai besoin de réconfort, tu seras là pour me consoler; si j'ai besoin de ton appui, tu seras là pour me soutenir, et si j'ai besoin de ton aide, tu seras là pour exaucer mon vœu ou pour m'assister dans ma tâche.*

– *C'est pourquoi* **HAHEUIAH,** *aujourd'hui, je te demande ton aide afin que… (Voir suggestion page 128.)*

– ***Puis finir par :****« Déverse sur moi les Vertus et les Pouvoirs dont tu es porteur et Délivre-moi de la mauvaise influence **de BÉLIAL et ses Vases de fureur** auxquels je renonce à tout jamais avec* **INTELLIGENCE et STABILITÉ !** *»* *MERCI.*

☞ Votre Ange Gardien se nomme **NITH-HAIAH**
(Ange N°25)

– Il influence les personnes nées du 23 au 27 JUILLET, ou ayant le SOLEIL de 0° à 4,59° du **LION**.

– **Élément FEU**, faisant partie du **Groupe** *ou* **Chœur** des *DOMINATIONS*, représente **LA BONTÉ et la BIENVEIL-LANCE ABSOLUE**.

– En analogie avec **URANUS**, planète de **L'INDÉPEN-DANCE, du CHANGEMENT**.

➤ **NITH-HAIAH** vous accorde, si vous l'invoquez, de réaliser vos RÊVES, surtout passer le cap des 40 ans. Fidélité et respect d'autrui sont vos points forts ! À la moindre injustice faite en votre présence, vous ruez dans les brancards, mais en faisant preuve de bienveillance et de sagesse, car vous savez que l'on n'attrape pas les mouches avec du vinaigre ! Vous estimez que rien n'est jamais réellement acquis…

➤ **DIALOGUE AVEC VOTRE ANGE GARDIEN**

– *NITH-HA-IAH,* *mon ami, mon être intérieur, toi qui me protèges et qui veilles sur moi depuis ma naissance, je sais que tu me laisses maître.sse de mes choix et de mes décisions, car j'ai le libre arbitre. Mais je sais aussi que, si je t'appelle à mon secours, tu seras là pour me sauver; si j'ai besoin de tes conseils, tu seras là pour me guider; si j'ai besoin de réconfort, tu seras là pour me consoler; si j'ai besoin de ton appui, tu seras là pour me soutenir, et si j'ai besoin de ton aide, tu seras là pour exaucer mon vœu ou pour m'assister dans ma tâche.*

– *C'est pourquoi* **NITH-HA-IAH,** *aujourd'hui, je te demande ton aide afin que… (Voir suggestion page 128.)*

– **Puis finir par** : «*Déverse sur moi les Vertus et les Pouvoirs dont tu es porteur et Délivre-moi de la mauvaise influence de* **SATAN et de ses donneurs de Prestige** *auxquels je renonce à tout jamais afin de développer* **LA BONTÉ et la BIENVEILLANCE ABSOLUE !** » *MERCI.*

☞ Votre Ange Gardien se nomme **HAAIAH**
(Ange N°26)

– Il influence les personnes nées du 28 JUILLET, au 1er AOÛT ou ayant le SOLEIL de 5° à 9,59° du **LION**.

– **Élément FEU**, faisant partie du **Groupe** *ou* **Chœur** des *DOMINATIONS*, représente **LA BONTÉ et la BIENVEIL-LANCE ABSOLUE...** En analogie avec **SATURNE**, planète de **LA LOI, de la RÉFLEXION et de la SOLIDITÉ.**

➤ **HAAIAH** peut vous accorder, en cas de litiges, de rendre les juges favorables à votre cause et ainsi, faire gagner les procès. En agissant avec les LOIS DIVINES ET HUMAINES; vous êtes honnête et véritable, capable d'engendrer un espace social ou ce qui est juste pourra s'épanouir. Votre VOLONTÉ est puissante. Votre pouvoir de persuasion, votre partage d'idées font que l'on suit aveuglément.

➤ DIALOGUE AVEC VOTRE ANGE GARDIEN

– *HA-A-IAH, mon ami, mon être intérieur, toi qui me protèges et qui veilles sur moi depuis ma naissance, je sais que tu me laisses maître.sse de mes choix et de mes décisions, car j'ai le libre arbitre. Mais je sais aussi que, si je t'appelle à mon secours, tu seras là pour me sauver; si j'ai besoin de tes conseils, tu seras là pour me guider; si j'ai besoin de réconfort, tu seras là pour me consoler; si j'ai besoin de ton appui, tu seras là pour me soutenir, et si j'ai besoin de ton aide, tu seras là pour exaucer mon vœu ou pour m'assister dans ma tâche.*

– *C'est pourquoi **HA-A-IAH**, aujourd'hui, je te demande ton aide afin que... (Voir suggestion page 128.)*

– **Puis finir par :** «*Déverse sur moi les Vertus et les Pouvoirs dont tu es porteur et Délivre-moi de la mauvaise influence de **SATAN** et de ses donneurs de Prestige auxquels je renonce à tout jamais afin de développer **LA BONTÉ et la BIENVEILLANCE ABSOLUE!** »* *MERCI.*

☞ Votre Ange Gardien se nomme YÉRATEL
(Ange N°27)

– Il influence les personnes nées du 2 au 6 AOÛT, ou ayant le SOLEIL de 10° à 14,59° du **LION**.

– **Élément FEU**, faisant partie du **Groupe** *ou* **Chœur** des *DOMINATIONS*, représente **LA BONTÉ et la BIENVEILLANCE ABSOLUE**.

– En analogie avec **JUPITER**, planète de **la CHANCE du SUCCÈS et des VOYAGES**.

➤ **YÉRATEL** peut vous accorder l'ambition et la force, la paix, l'apaisement, et LA RÉALISATION DE VOS ESPOIRS ! D'une nature extravertie, et généreuse, vous savez vous adapter. Votre ouverture d'esprit vous offre de nombreux champs pour vous exprimer. Aimant la loi et la rigueur, vous êtes craint·e mais admiré·e. Avec YÉRATEL, vous pouvez résoudre les possibles problèmes personnels, politiques, sociaux...

➤ DIALOGUE AVEC VOTRE ANGE GARDIEN

– *YÉ-RA-TEL, mon ami, mon être intérieur, toi qui me protèges et qui veilles sur moi depuis ma naissance, je sais que tu me laisses maître.sse de mes choix et de mes décisions, car j'ai le libre arbitre. Mais je sais aussi que, si je t'appelle à mon secours, tu seras là pour me sauver; si j'ai besoin de tes conseils, tu seras là pour me guider; si j'ai besoin de réconfort, tu seras là pour me consoler; si j'ai besoin de ton appui, tu seras là pour me soutenir, et si j'ai besoin de ton aide, tu seras là pour exaucer mon vœu ou pour m'assister dans ma tâche.*

– *C'est pourquoi* **YÉ-RA-TEL,** *aujourd'hui, je te demande ton aide afin que... (Voir suggestion page 128.)*

– **Puis finir par** : « *Déverse sur moi les Vertus et les Pouvoirs dont tu es porteur et Délivre-moi de la mauvaise influence de* **SATAN** *et de ses donneurs de Prestige auxquels je renonce à tout jamais afin de développer* **LA BONTÉ** *et la* **BIENVEILLANCE ABSOLUE !** » **MERCI.**

☞ Votre Ange Gardien se nomme **SÉHÉLIAH**
(Ange N°28)

– Il influence les personnes nées du 7 au 12 AOÛT, ou ayant le SOLEIL de 15° à 19,59° du **LION**.

– **Élément FEU,** faisant partie du **Groupe** *ou* **Chœur** des *DOMINATIONS*, représente **LA BONTÉ et la BIENVEILLANCE ABSOLUE.**

– En analogie avec **MARS, planète de L'ACTION et du DÉSIR.**

➢ **SÉHÉLIAH,** vous accorde, si vous l'invoquez, sa protection contre les accidents de voiture, d'avion, de bateau de train..., mais aussi des ruines et des maladies. Il est très utile de prier cet ange, de façon préventive. Avec SÉHÉLIAH, vous êtes doté.e d'une forte VOLONTÉ, et d'une intelligence vive. Rien ne vous arrête et votre dynamisme vous permet d'assumer plusieurs activités de front.

➢ **DIALOGUE AVEC VOTRE ANGE GARDIEN**

– *SÉ-HÉ-LIAH mon ami, mon être intérieur, toi qui me protèges et qui veilles sur moi depuis ma naissance, je sais que tu me laisses maître.sse de mes choix et de mes décisions, car j'ai le libre arbitre. Mais je sais aussi que, si je t'appelle à mon secours, tu seras là pour me sauver; si j'ai besoin de tes conseils, tu seras là pour me guider; si j'ai besoin de réconfort, tu seras là pour me consoler; si j'ai besoin de ton appui, tu seras là pour me soutenir, et si j'ai besoin de ton aide, tu seras là pour exaucer mon vœu ou pour m'assister dans ma tâche.*

– *C'est pourquoi SÉ-HÉ-LIAH, aujourd'hui, je te demande ton aide afin que... (Voir suggestion page 128.)*

– **Puis finir par :** «*Déverse sur moi les Vertus et les Pouvoirs dont tu es porteur et Délivre-moi de la mauvaise influence de SATAN et de ses donneurs de Prestige auxquels je renonce à tout jamais afin de développer LA BONTÉ et la BIENVEILLANCE ABSOLUE!* » *MERCI.*

☞ Votre Ange Gardien se nomme **REIYEL**
(Ange N°29)

— Il influence les personnes nées du 13 au 17 AOÛT, ou ayant le SOLEIL de 20° à 24,59° du **LION**. **Élément FEU**, faisant partie du **Groupe** *ou* **Chœur** des *DOMINATIONS*, représente **LA BONTÉ et la BIENVEILLANCE ABSOLUE**.

— En analogie avec **le SOLEIL** astre de **la PERSONNALITÉ, de la RENOMMÉE et de la SANTÉ**.

➤ **REIYEL** vous accorde, si vous l'invoquez, l'inspiration céleste pour les allocutions et discours... Tout comme le pouvoir de vous libérer de vos ennemis visibles et invisibles (extérieurs et intérieurs); libération des envoûtements, mauvais œil, sortilèges... Vous êtes bien dans votre peau et ne cédez jamais au découragement; Votre optimisme naturel fait que vous trouvez toujours des solutions aux difficultés qui se présentent. Votre flair est indiscutable !

➤ DIALOGUE AVEC VOTRE ANGE GARDIEN

— *REI-YEL, mon ami, mon être intérieur, toi qui me protèges et qui veilles sur moi depuis ma naissance, je sais que tu me laisses maître.sse de mes choix et de mes décisions, car j'ai le libre arbitre. Mais je sais aussi que, si je t'appelle à mon secours, tu seras là pour me sauver; si j'ai besoin de tes conseils, tu seras là pour me guider; si j'ai besoin de réconfort, tu seras là pour me consoler; si j'ai besoin de ton appui, tu seras là pour me soutenir, et si j'ai besoin de ton aide, tu seras là pour exaucer mon vœu ou pour m'assister dans ma tâche.*

— *C'est pourquoi* **REI-YEL,** *aujourd'hui, je te demande ton aide afin que... (Voir suggestion page 128.)*

— **Puis finir par** : « *Déverse sur moi les Vertus et les Pouvoirs dont tu es porteur et Délivre-moi de la mauvaise influence de* **SATAN** *et de ses donneurs de Prestige auxquels je renonce à tout jamais afin de développer* **LA BONTÉ** *et la* **BIENVEILLANCE ABSOLUE !** » **MERCI.**

☞ Votre Ange Gardien se nomme **OMAHEL**
(Ange N°30)

– Il influence les personnes nées du 18 au 22 AOÛT, ou ayant le SOLEIL de 25° à 29,59° du **LION**.

– **Élément FEU**, faisant partie du **Groupe** *ou* **Chœur** des *DOMINATIONS* représente **LA BONTÉ et la BIENVEILLANCE ABSOLUE**.

– En analogie avec **VÉNUS** planète de **la BEAUTÉ et de L'AMOUR**.

➤ **OMAHEL**, vous accorde, si vous l'invoquez, la **FERTILITÉ et la BONTÉ**. POSSIBILITÉ d'avoir des enfants, accouchement facile. POSSIBILITÉ de donner la vie à une âme élevée. Avec OMABEL, les rapports de force, très peu pour vous ! Vous avez besoin d'un environnement calme et agréable où règnent la tendresse et l'affection. Débordant·e d'imagination, toute carrière artistique vous conviendrait.

➤ **DIALOGUE AVEC VOTRE ANGE GARDIEN**

– *OMAHEL, mon ami, mon être intérieur, toi qui me protèges et qui veilles sur moi depuis ma naissance, je sais que tu me laisses maître.sse de mes choix et de mes décisions, car j'ai le libre arbitre. Mais je sais aussi que, si je t'appelle à mon secours, tu seras là pour me sauver; si j'ai besoin de tes conseils, tu seras là pour me guider; si j'ai besoin de réconfort, tu seras là pour me consoler; si j'ai besoin de ton appui, tu seras là pour me soutenir, et si j'ai besoin de ton aide, tu seras là pour exaucer mon vœu ou pour m'assister dans ma tâche.*

– *C'est pourquoi* **OMAHEL**, *aujourd'hui, je te demande ton aide afin que... (Voir suggestion page 128.)*

– **Puis finir par** : « *Déverse sur moi les Vertus et les Pouvoirs dont tu es porteur et Délivre-moi de la mauvaise influence de SATAN et de ses donneurs de Prestige* *auxquels je renonce à tout jamais afin de développer* **LA BONTÉ et la BIENVEILLANCE ABSOLUE !** *»* **MERCI.**

☞ Votre Ange Gardien se nomme **LECABEL**
(Ange N°31)

– Il influence les personnes nées du 23 au 28 AOÛT, ou ayant le SOLEIL de 0° à 4,59° de la **VIERGE.**

– **Élément TERRE,** faisant partie du **Groupe** *ou* **Chœur** des *DOMINATIONS* représente **LA BONTÉ et la BIENVEIL-LANCE ABSOLUE.**

– En analogie avec **MERCURE** planète de **L'INTEL-LIGENCE et de la COMMUNICATION.**

➢ **LECABEL** vous accorde, si vous l'invoquez, l'illumi-nation et la gloire, le talent pour réussir et faire fortune.

– le quotidien ne vous stimule pas, aussi vous cherchez « ailleurs » vos sources d'inspiration; vous avez de multiples talents, et vos chances de réussite sont réelles, mais votre entête-ment, pourrait vous faire échouer.

➢ **DIALOGUE AVEC VOTRE ANGE GARDIEN**

– *LE-CA-BEL, mon ami, mon être intérieur, toi qui me protèges et qui veilles sur moi depuis ma naissance, je sais que tu me laisses maître.sse de mes choix et de mes décisions, car j'ai le libre arbitre. Mais je sais aussi que, si je t'appelle à mon secours, tu seras là pour me sauver; si j'ai besoin de tes conseils, tu seras là pour me guider; si j'ai besoin de réconfort, tu seras là pour me consoler; si j'ai besoin de ton appui, tu seras là pour me soutenir, et si j'ai besoin de ton aide, tu seras là pour exaucer mon vœu ou pour m'assister dans ma tâche.*

– *C'est pourquoi* **LE-CA-BEL,** *aujourd'hui, je te demande ton aide afin que... (Voir suggestion page 128.)*

– **Puis finir par** : « *Déverse sur moi les Vertus et les Pouvoirs dont tu es porteur et Délivre-moi de la mauvaise influence de* **SATAN** *et de ses donneurs de Prestige auxquels je renonce à tout jamais afin de développer* **LA BONTÉ** *et la* **BIENVEILLANCE ABSOLUE !** » **MERCI.**

☞ Votre Ange Gardien se nomme **VASARIAH**
(Ange N°32)

– Il influence les personnes nées du 29 AOÛT au 2 SEPTEMBRE, ou ayant le SOLEIL de 5° à 9,59° de la **VIERGE**.

– **Élément TERRE,** faisant partie du **Groupe** *ou* **Chœur** des *DOMINATIONS*, représente **LA BONTÉ et la BIENVEILLANCE ABSOLUE.**

– En analogie avec **la LUNE** astre de **la FAMILLE, du FOYER de L'IMAGINATION et des RÊVES.**

➤ **VASARIAH** vous accorde, si vous l'invoquez, SA protection immédiate contre ceux qui vous agressent ainsi que L'AIDE ROYALE du pouvoir le plus haut, tout comme la bienveillance de la part de magistrats puissants. Très attentif.ve à votre environnement, vous savez saisir tout ce qui se présente pour votre évolution. Rapidité de RÉFLEXION, votre efficacité est appréciée.

➤ **DIALOGUE AVEC VOTRE ANGE GARDIEN**

– *VA-SA-RIAH mon ami, mon être intérieur, toi qui me protèges et qui veilles sur moi depuis ma naissance, je sais que tu me laisses maître.sse de mes choix et de mes décisions, car j'ai le libre arbitre. Mais je sais aussi que, si je t'appelle à mon secours, tu seras là pour me sauver; si j'ai besoin de tes conseils, tu seras là pour me guider; si j'ai besoin de réconfort, tu seras là pour me consoler; si j'ai besoin de ton appui, tu seras là pour me soutenir, et si j'ai besoin de ton aide, tu seras là pour exaucer mon vœu ou pour m'assister dans ma tâche.*

– *C'est pourquoi* **VASARIAH**, *aujourd'hui, je te demande ton aide afin que... (Voir suggestion page 128.)*

– **Puis finir par** : « *Déverse sur moi les Vertus et les Pouvoirs dont tu es porteur et Délivre-moi de la mauvaise influence de SATAN **et de ses donneurs de Prestige** auxquels je renonce à tout jamais afin de développer* **LA BONTÉ et la BIENVEILLANCE ABSOLUE !** » **MERCI.**

☞ Votre Ange Gardien se nomme YÉHUIAH
(Ange N°33)

    – Il influence les personnes nées du 3 au 7 SEPTEMBRE, ou ayant le SOLEIL de 10° à 14,59° de la **VIERGE**.

    – **Élément TERRE**, faisant partie du **Groupe** *ou* **Chœur** des *PUISSANCES*, représente **la SÉVÉRITÉ de la JUSTICE**.

    – En analogie avec **URANUS**, planète de **L'INDÉPEN-DANCE, du CHANGEMENT**.

    ➢ **YÉHUIAH** vous accorde, si vous l'invoquez, le pouvoir de reconnaître vos erreurs et ceux qui vous trahissent. Il vous permet ainsi de déjouer toute manœuvre hostile et vous octroie la protection contre les « pièges » des méchants.

    Comme les apparences sont parfois trompeuses, vous ne fonctionnez qu'à l'instinct ! De ce fait, bien difficile de vous berner et de vous prendre en défaut. Aimant votre INDÉPEN-DANCE, il vous faut une LIBERTÉ totale de mouvement…

➢ DIALOGUE AVEC VOTRE ANGE GARDIEN

    – *YÉ-HU-IAH,* mon ami, mon être intérieur, toi qui me *protèges et qui veilles sur moi depuis ma naissance, je sais que tu me laisses maître.sse de mes choix et de mes décisions, car j'ai le libre arbitre. Mais je sais aussi que, si je t'appelle à mon secours, tu seras là pour me sauver; si j'ai besoin de tes conseils, tu seras là pour me guider; si j'ai besoin de réconfort, tu seras là pour me consoler; si j'ai besoin de ton appui, tu seras là pour me soutenir, et si j'ai besoin de ton aide, tu seras là pour exaucer mon vœu ou pour m'assister dans ma tâche.*

    – *C'est pourquoi* **YÉ-HU-IAH,** *aujourd'hui, je te demande ton aide afin que… (Voir suggestion page 128.)*

    – **Puis finir par** : « *Déverse sur moi les Vertus et les Pouvoirs dont tu es porteur et Délivre-moi de la mauvaise influence* **d'ASMODÉE et ses Vengeurs de Crimes** *auxquels je renonce à tout jamais avec* **COURAGE ET FOI !** »   **MERCI.**

☞ Votre Ange Gardien se nomme **LEHAHIAH**
(Ange N°34)

– Il influence les personnes nées du 8 au 12 SEPTEMBRE, ou ayant le SOLEIL de 15° à 19,59° de la **VIERGE**. **Élément TERRE,** faisant partie du **Groupe** *ou* **Chœur** des *PUISSANCES*, représente **la SÉVÉRITÉ de la JUSTICE.** Est en analogie avec **SATURNE,** planète de **LA LOI, de la RÉFLEXION et de la SOLIDITÉ.**

➤ **LEHAHIAH** vous accorde, si vous l'invoquez, la totale sécurité de l'emploi, la continuité du travail comme d'atteindre des situations enviables et remarquables, car vous jouirez de la pleine confiance de vos supérieurs, qui vous accorderont toutes sortes de récompenses, quoique, toujours liées au travail. Partant du principe que l'on n'obtient rien par la force, vous avez développé une stratégie subtile qui vous permet de tout obtenir avec douceur; Vos paroles sont éclairées et il semble qu'avec vous, tous les problèmes se règlent comme par magie.

➤ DIALOGUE AVEC VOTRE ANGE GARDIEN

– *LE-HA-HIAH, mon ami, mon être intérieur, toi qui me protèges et qui veilles sur moi depuis ma naissance, je sais que tu me laisses maître.sse de mes choix et de mes décisions, car j'ai le libre arbitre. Mais je sais aussi que, si je t'appelle à mon secours, tu seras là pour me sauver; si j'ai besoin de tes conseils, tu seras là pour me guider; si j'ai besoin de réconfort, tu seras là pour me consoler; si j'ai besoin de ton appui, tu seras là pour me soutenir, et si j'ai besoin de ton aide, tu seras là pour exaucer mon vœu ou pour m'assister dans ma tâche.*

– *C'est pourquoi* **LEHAHIAH,** *aujourd'hui, je te demande ton aide afin que... (Voir suggestion page 128.)*

– **Puis finir par :** « *Déverse sur moi les Vertus et les Pouvoirs dont tu es porteur et Délivre-moi de la mauvaise influence* **d'ASMODÉE et ses Vengeurs de Crimes** *auxquels je renonce à tout jamais avec* **COURAGE ET FOI !** » *MERCI.*

☞ Votre Ange Gardien se nomme CHAVAKIAH
(Ange N°35)

– Il influence les personnes nées du 13 au 17 SEPTEMBRE, ou ayant le SOLEIL de 20° à 24,59° de la **VIERGE**.

– **Élément TERRE**, faisant partie du **Groupe** *ou* **Chœur** des *PUISSANCES* représente **la SÉVÉRITÉ de la JUSTICE.**

– En analogie avec **JUPITER**, planète de **la CHANCE du** SUCCÈS et des VOYAGES.

➢ **CHAVAKIAH** vous accorde, si vous l'invoquez, PAIX ET HARMONIE EN FAMILLE et entre les familles ! Un arrangement amiable à propos d'héritages et accorde également le pardon des personnes que nous avons offensées. Sérénité et partage sont vos qualités. Vous incarnez le calme après l'orage, et l'on vient vers vous pour apaiser ses peines. Votre magnétisme naturel apporte bien-être et soulagement.

➢ DIALOGUE AVEC VOTRE ANGE GARDIEN

– *CHA-VA-QUIAH, mon ami, mon être intérieur, toi qui me protèges et qui veilles sur moi depuis ma naissance, je sais que tu me laisses maître.sse de mes choix et de mes décisions, car j'ai le libre arbitre. Mais je sais aussi que, si je t'appelle à mon secours, tu seras là pour me sauver; si j'ai besoin de tes conseils, tu seras là pour me guider; si j'ai besoin de réconfort, tu seras là pour me consoler; si j'ai besoin de ton appui, tu seras là pour me soutenir, et si j'ai besoin de ton aide, tu seras là pour exaucer mon vœu ou pour m'assister dans ma tâche.*

– *C'est pourquoi* **CHAVAKIAH**, *aujourd'hui, je te demande ton aide afin que... (Voir suggestion page 128.)*

– <u>**Puis finir par**</u> : « *Déverse sur moi les Vertus et les Pouvoirs dont tu es porteur et Délivre-moi de la mauvaise influence* **d'ASMODÉE et ses Vengeurs de Crimes** *auxquels je renonce à tout jamais avec* **COURAGE ET FOI !** » *MERCI.*

90

☞ Votre Ange Gardien se nomme MÉNADEL
(Ange N°36)

— Il influence les personnes nées du 18 au 23 SEPTEMBRE, ou ayant le SOLEIL de 25° à 29,59° de la **VIERGE**.

— **Élément TERRE,** faisant partie du **Groupe** *ou* **Chœur** des *PUISSANCES* représente **la SÉVÉRITÉ de la JUSTICE**. Symbole de libération et de justice…

— En analogie avec **MARS, planète de L'ACTION et du DÉSIR, MÉNADEL** vous accorde, si vous l'invoquez, de conserver un emploi. Il permet l'augmentation de salaire si l'on en fait la demande, et IL libère des mauvaises habitudes qui nous tenaillent ! Il protège également contre la médisance. Avec MÉNADEL, vous avec l'art de déceler le défaut sous la cuirasse ! Votre humour corrosif fait souvent mouche et l'on redoute votre sens de la repartie. Vous vous investissez dans toutes vos actions et vous savez toujours prodiguer d'excellents conseils.

➤ DIALOGUE AVEC VOTRE ANGE GARDIEN

— *MÉ-NA-DEL, mon ami, mon être intérieur, toi qui me protèges et qui veilles sur moi depuis ma naissance, je sais que tu me laisses maître.sse de mes choix et de mes décisions, car j'ai le libre arbitre. Mais je sais aussi que, si je t'appelle à mon secours, tu seras là pour me sauver; si j'ai besoin de tes conseils, tu seras là pour me guider; si j'ai besoin de réconfort, tu seras là pour me consoler; si j'ai besoin de ton appui, tu seras là pour me soutenir, et si j'ai besoin de ton aide, tu seras là pour exaucer mon vœu ou pour m'assister dans ma tâche.*

— *C'est pourquoi MÉNADEL, aujourd'hui, je te demande ton aide afin que… (Voir suggestion page 128.)*

— **Puis finir par** : « *Déverse sur moi les Vertus et les Pouvoirs dont tu es porteur et Délivre-moi de la mauvaise influence **d'ASMODÉE et ses Vengeurs de Crimes** auxquels je renonce à tout jamais avec **COURAGE ET FOI !** »   **MERCI**.*

☞ Votre Ange Gardien se nomme **ANIEL**
(Ange N°37)

– Il influence les personnes nées du 24 au 28 SEPTEMBRE, ou ayant le SOLEIL de 0° à 4,59° de la **BALANCE**. **Élément AIR**, faisant partie du **Groupe** *ou* **Chœur** des *PUISSANCES*, représente **la SÉVÉRITÉ de la JUSTICE**.

– En analogie avec **le SOLEIL** astre de **la PERSONNALITÉ, de la RENOMMÉE et de la SANTÉ**.

➢ **ANIEL** vous accorde, si vous l'invoquez, la célérité grâce à votre travail et dans n'importe quel secteur d'activité. Il vous aide à vaincre votre propre routine et vous donne un caractère équilibré, sans aucune agressivité ainsi qu'une VOLONTÉ ferme et décidée, une VOLONTÉ de FER, et une probité, une vertu à toute épreuve. Vous avez besoin de vous affirmer, et vous ne reculez devant aucun effort... Ne vous accordant aucun droit à l'erreur, vous êtes très sélectif.ve et de ce fait paraissez pour un être difficile.

➢ DIALOGUE AVEC VOTRE ANGE GARDIEN

– *ANIEL mon ami, mon être intérieur, toi qui me protèges et qui veilles sur moi depuis ma naissance, je sais que tu me laisses maître.sse de mes choix et de mes décisions, car j'ai le libre arbitre. Mais je sais aussi que, si je t'appelle à mon secours, tu seras là pour me sauver; si j'ai besoin de tes conseils, tu seras là pour me guider; si j'ai besoin de réconfort, tu seras là pour me consoler; si j'ai besoin de ton appui, tu seras là pour me soutenir, et si j'ai besoin de ton aide, tu seras là pour exaucer mon vœu ou pour m'assister dans ma tâche.*

– *C'est pourquoi **ANIEL**, aujourd'hui, je te demande ton aide afin que...* (Voir suggestion page 128.)

– **Puis finir par** : « *Déverse sur moi les Vertus et les Pouvoirs dont tu es porteur et Délivre-moi de la mauvaise influence **d'ASMODÉE et ses Vengeurs de Crimes** auxquels je renonce à tout jamais avec **COURAGE ET FOI !** » MERCI.*

☞ Votre Ange Gardien se nomme **HAAMIAH**
(Ange N°38)

– Il influence les personnes nées du 29 SEPTEMBRE au 3 OCTOBRE, ou ayant le SOLEIL de 5° à 9,59° de la **BALANCE**. **Élément AIR**, faisant partie du **Groupe** *ou* **Chœur** des *PUISSANCES*, représente **la SÉVÉRITÉ de la JUSTICE**.

– En analogie avec **VÉNUS** planète de **la BEAUTÉ et de L'AMOUR**.

➢ **HAAMIAH** vous accorde, si vous l'invoquez, de trouver dans la vie quotidienne, votre parfait complément sentimental, et de vivre ainsi une histoire D'AMOUR extraordinaire, en vous accordant une vie paisible, tranquille, sans angoisses, car **HAAMIAH** octroie à ses protégés : PAIX, AMOUR, ART, SPIRITUALITÉ à VOLONTÉ !

– Votre sensualité et votre séduction exercent sur les autres une grande influence; votre sociabilité et votre indulgence font que vous aspirez à l'harmonie du Grand TOUT.

➢ DIALOGUE AVEC VOTRE ANGE GARDIEN

– *HA-A-MIAH, mon ami, mon être intérieur, toi qui me protèges et qui veilles sur moi depuis ma naissance, je sais que tu me laisses maître.sse de mes choix et de mes décisions, car j'ai le libre arbitre. Mais je sais aussi que, si je t'appelle à mon secours, tu seras là pour me sauver; si j'ai besoin de tes conseils, tu seras là pour me guider; si j'ai besoin de réconfort, tu seras là pour me consoler; si j'ai besoin de ton appui, tu seras là pour me soutenir, et si j'ai besoin de ton aide, tu seras là pour exaucer mon vœu ou pour m'assister dans ma tâche...*

– *C'est pourquoi* **HAAMIAH**, *aujourd'hui, je te demande ton aide afin que... (Voir suggestion page 128.)*

– **Puis finir par** : « *Déverse sur moi les Vertus et les Pouvoirs dont tu es porteur et Délivre-moi de la mauvaise influence d'ASMODÉE et ses Vengeurs de Crimes auxquels je renonce à tout jamais avec COURAGE ET FOI !* » *MERCI.*

☞ Votre Ange Gardien se nomme **RÉHAEL**
(Ange N°39)

    – Il influence les personnes nées du 4 au 8 OCTOBRE, ou ayant le SOLEIL de 10° à 14,59° de la **BALANCE**.
    – **Élément AIR**, faisant partie du **Groupe** *ou* **Chœur** des *PUISSANCES*, représente **la SÉVÉRITÉ de la JUSTICE**.
    – En analogie avec **MERCURE** planète de **L'INTEL-LIGENCE et de la COMMUNICATION**.
    ➢ **RÉHAEL** vous accorde, si vous l'invoquez, la miséricorde Divine, la guérison des maladies, ainsi que l'amour, le respect et la bonne entente entre parents et enfants. Il rétablit l'harmonie familiale, des rapports harmonieux entre les actes et leurs conséquences. Très lucide de vous-même, vous connaissez parfaitement vos limites, ce qui vous met à l'abri de beaucoup d'erreurs. Votre rapidité d'exécution dans n'importe quelle tâche est remarquable.

➢ DIALOGUE AVEC VOTRE ANGE GARDIEN

    – *RÉ-HA-HEL, mon ami, mon être intérieur, toi qui me protèges et qui veilles sur moi depuis ma naissance, je sais que tu me laisses maître.sse de mes choix et de mes décisions, car j'ai le libre arbitre. Mais je sais aussi que, si je t'appelle à mon secours, tu seras là pour me sauver; si j'ai besoin de tes conseils, tu seras là pour me guider; si j'ai besoin de réconfort, tu seras là pour me consoler; si j'ai besoin de ton appui, tu seras là pour me soutenir, et si j'ai besoin de ton aide, tu seras là pour exaucer mon vœu ou pour m'assister dans ma tâche.*
    – *C'est pourquoi RÉ-HA-HEL, aujourd'hui, je te demande ton aide afin que... (Voir suggestion page 128.)*
    – **Puis finir par** : « *Déverse sur moi les Vertus et les Pouvoirs dont tu es porteur et Délivre-moi de la mauvaise influence d'ASMODÉE et ses Vengeurs de Crimes auxquels je renonce à tout jamais avec COURAGE ET FOI !* » *MERCI.*

☞ Votre Ange Gardien se nomme **IÉIAZEL**
(Ange N°40)

– Il influence les personnes nées du 9 au 13 OCTOBRE, ou ayant le SOLEIL de 15° à 19,59° de la **BALANCE**.

– **Élément AIR,** faisant partie du **Groupe** *ou* **Chœur** des *PUISSANCES*, représente **la SÉVÉRITÉ de la JUSTICE**.

– En analogie avec **la LUNE** astre de **la FAMILLE, du FOYER de L'IMAGINATION et des RÊVES**.

➤ **IÉIAZEL** peut, si vous l'invoquez, vous **LIBÉRER** de tout ce qui vous tyrannise, brime, oppresse, persécute, inquiète, angoisse, préoccupe. Il est une sorte de ZORRO LIBÉRATEUR.

– Très réceptif.ve et doté·e d'une remarquable capacité d'adaptation, vous devenez très vite un personnage central. Vous avez un goût prononcé pour l'action, et les obstacles vous permettent de vous surpasser. Vos idées sont souvent surprenantes pour ne pas dire déconcertantes.

➤ **DIALOGUE AVEC VOTRE ANGE GARDIEN**

– *IÉ-IA-ZEL, mon ami, mon être intérieur, toi qui me protèges et qui veilles sur moi depuis ma naissance, je sais que tu me laisses maître.sse de mes choix et de mes décisions, car j'ai le libre arbitre. Mais je sais aussi que, si je t'appelle à mon secours, tu seras là pour me sauver; si j'ai besoin de tes conseils, tu seras là pour me guider; si j'ai besoin de réconfort, tu seras là pour me consoler; si j'ai besoin de ton appui, tu seras là pour me soutenir, et si j'ai besoin de ton aide, tu seras là pour exaucer mon vœu ou pour m'assister dans ma tâche.*

– *C'est pourquoi IÉ-IA-ZEL, aujourd'hui, je te demande ton aide afin que… (Voir suggestion page 128.)*

– **Puis finir par** : *« Déverse sur moi les Vertus et les Pouvoirs dont tu es porteur et Délivre-moi de la mauvaise influence d'ASMODÉE et ses Vengeurs de Crimes auxquels je renonce à tout jamais avec COURAGE ET FOI ! »   MERCI.*

☞ Votre Ange Gardien se nomme **HAHAHEL**
(Ange N°41)

– Il influence les personnes nées 14 au 18 OCTOBRE, ou ayant le SOLEIL de 20° à 24,59° de la **BALANCE**.

– **Élément AIR,** faisant partie du **Groupe** *ou* **Chœur** des *VERTUS* représente **L'ÉQUILIBRE, la COMPRÉHENSION et L'EXPANSION.** En analogie avec **URANUS**, planète de **L'INDÉPENDANCE, du CHANGEMENT, HAHAHEL** vous accorde, si vous l'invoquez, de vous tourner vers ce qui est primordial. Vous n'aimez pas ce qui est purement matériel (la profession, la société), car vous avez conscience que votre règne n'est pas de ce monde. Les mondanités, très peu pour vous ! Vous vous y sentez toujours mal à l'aise. Votre personnalité intrigue et fascine. Vous avez une petite voie intérieure qui guide vos pas, et vos paroles sont souvent inspirées et sortent des sentiers battus.

➢ DIALOGUE AVEC VOTRE ANGE GARDIEN

– *HA-HA-HEL, mon ami, mon être intérieur, toi qui me protèges et qui veilles sur moi depuis ma naissance, je sais que tu me laisses maître.sse de mes choix et de mes décisions, car j'ai le libre arbitre. Mais je sais aussi que, si je t'appelle à mon secours, tu seras là pour me sauver; si j'ai besoin de tes conseils, tu seras là pour me guider; si j'ai besoin de réconfort, tu seras là pour me consoler; si j'ai besoin de ton appui, tu seras là pour me soutenir, et si j'ai besoin de ton aide, tu seras là pour exaucer mon vœu ou pour m'assister dans ma tâche.*

– *C'est pourquoi* **HAHAHEL,** *aujourd'hui, je te demande ton aide afin que... (Voir suggestion page 128.)*

– **Puis finir par** : « *Déverse sur moi les Vertus et les Pouvoirs dont tu es porteur et Délivre-moi de la mauvaise influence* **d'ABADDON** *ainsi que SES FURIES auxquels je renonce à tout jamais afin de retrouver et garder* **mon ÉQUILIBRE psychologique !** » *MERCI.*

☞ Votre Ange Gardien se nomme **MIKHAEL**
(Ange N°42)

– Il influence les personnes nées du 19 au 23 OCTOBRE, ou ayant le SOLEIL de 25° à 29,59° de la **BALANCE**.

– **Élément AIR**, faisant partie du **Groupe** *ou* **Chœur** des *VERTUS* représente **L'ÉQUILIBRE, la COMPRÉHENSION et L'EXPANSION**.

– En analogie avec **SATURNE**, planète de **LA LOI**, de **la RÉFLEXION et de la SOLIDITÉ**. *(Ne pas confondre avec L'ARCHANGE MIKAEL !)*. **MIKHAEL** vous accorde, si vous l'invoquez, chance en politique (gagner les élections) – beaucoup de « flair » et de diplomatie pour réussir – voyage heureux (l'invoquer la veille du départ). Symbolisant l'Amour Universel, MIKHAEL est l'ange protecteur par excellence. Avec lui, vous vous sentez invulnérable, les dangers ne vous font pas peur ! Vous aimez discuter d'égal·e à égal·e avec ceux qui incarnent l'autorité.

➢ DIALOGUE AVEC VOTRE ANGE GARDIEN

– *MIKHAEL, mon ami, mon être intérieur, toi qui me protèges et qui veilles sur moi depuis ma naissance, je sais que tu me laisses maître.sse de mes choix et de mes décisions, car j'ai le libre arbitre. Mais je sais aussi que, si je t'appelle à mon secours, tu seras là pour me sauver; si j'ai besoin de tes conseils, tu seras là pour me guider; si j'ai besoin de réconfort, tu seras là pour me consoler; si j'ai besoin de ton appui, tu seras là pour me soutenir, et si j'ai besoin de ton aide, tu seras là pour exaucer mon vœu ou pour m'assister dans ma tâche.*

– *C'est pourquoi MIKHAEL, aujourd'hui, je te demande ton aide afin que... (Voir suggestion page 128.)*

– **Puis finir par** : *« Déverse sur moi les Vertus et les Pouvoirs dont tu es porteur et Délivre-moi de la mauvaise influence **d'ABADDON** ainsi que SES FURIES auxquels je renonce à tout jamais afin de retrouver et garder **mon** ÉQUILIBRE psychologique ! »* MERCI.

☞ Votre Ange Gardien se nomme **VEULIAH**
(Ange N°43)

– Il influence les personnes nées du 24 au 28 OCTOBRE, ou ayant le SOLEIL de 0° à 4,59° du **SCORPION**.

Élément EAU, faisant partie du **Groupe** *ou* **Chœur** des *VERTUS* représente **L'ÉQUILIBRE, la COMPRÉHENSION et L'EXPANSION**. En analogie avec **JUPITER,** planète de **la CHANCE du SUCCÈS et des VOYAGES, VEULIAH** vous accorde, si vous l'invoquez, la LIBÉRATION d'une inquiétude, d'une oppression, la prospérité aux entrepreneurs (favorise les entreprises). En règle générale, vos entreprises connaissent un vif SUCCÈS. Guère influençable, vous tentez coûte que coûte de maintenir votre libre arbitre. Cependant, vous croyez aux influences de nos guides Supérieurs. Les postes de commandement ou demandant de l'initiative sont faits pour vous !

➢ DIALOGUE AVEC VOTRE ANGE GARDIEN

– *VEU-LIAH,* mon ami, mon être intérieur, toi qui me protèges et qui veilles sur moi depuis ma naissance, je sais que tu me laisses maître.sse de mes choix et de mes décisions, car j'ai le libre arbitre. Mais je sais aussi que, si je t'appelle à mon secours, tu seras là pour me sauver; si j'ai besoin de tes conseils, tu seras là pour me guider; si j'ai besoin de réconfort, tu seras là pour me consoler; si j'ai besoin de ton appui, tu seras là pour me soutenir, et si j'ai besoin de ton aide, tu seras là pour exaucer mon vœu ou pour m'assister dans ma tâche.

– *C'est pourquoi* **VEU-LIAH,** *aujourd'hui, je te demande ton aide afin que... (Voir suggestion page 128.)*

– **Puis finir par** : « *Déverse sur moi les Vertus et les Pouvoirs dont tu es porteur et Délivre-moi de la mauvaise influence* ***d'ABADDON*** *ainsi que SES FURIES auxquels je renonce à tout jamais afin de retrouver et garder* **mon ÉQUILIBRE psychologique !** » *MERCI.*

☞ Votre Ange Gardien se nomme **YÉLALIAH**
(Ange N°44)

– Il influence les personnes nées du 29 OCTOBRE au 2 NOVEMBRE ou ayant le SOLEIL de 5° à 9,59° du **SCORPION**.

– **Élément EAU,** faisant partie du **Groupe *ou* Chœur** des *VERTUS* représente **L'ÉQUILIBRE, la COMPRÉHENSION et L'EXPANSION.** En analogie avec **MARS, planète de L'ACTION et du DÉSIR, YÉLALIAH** vous accorde, si vous l'invoquez, la patience et la compassion. Il vous donne le courage dans les moments de faiblesse, ou difficiles devant l'adversité, ainsi que gagner des procès, protéger des magistrats, tout comme la protection contre les voleurs, les agresseurs. Votre puissance physique et votre instinct de conservation sont très développés. Vos rapports sont francs et directs. Vous détestez vous embarrasser de détails et allez droit au but. Imprévisible, votre vie est pleine d'inattendus.

➢ DIALOGUE AVEC VOTRE ANGE GARDIEN

– *YÉ-LA-LIAH mon ami, mon être intérieur, toi qui me protèges et qui veilles sur moi depuis ma naissance, je sais que tu me laisses maître.sse de mes choix et de mes décisions, car j'ai le libre arbitre. Mais je sais aussi que, si je t'appelle à mon secours, tu seras là pour me sauver; si j'ai besoin de tes conseils, tu seras là pour me guider; si j'ai besoin de réconfort, tu seras là pour me consoler; si j'ai besoin de ton appui, tu seras là pour me soutenir, et si j'ai besoin de ton aide, tu seras là pour exaucer mon vœu ou pour m'assister dans ma tâche.*

– *C'est pourquoi* **YÉLALIAH,** *aujourd'hui, je te demande ton aide afin que… (Voir suggestion page 128.)*

– **Puis finir par :** « *Déverse sur moi les Vertus et les Pouvoirs dont tu es porteur et Délivre-moi de la mauvaise influence* **d'ABADDON** *ainsi que SES FURIES auxquels je renonce à tout jamais afin de retrouver et garder* **mon** *ÉQUILIBRE psychologique !* » *MERCI.*

☞ Votre Ange Gardien se nomme SÉHALIAH
(Ange N°45)

– Il influence les personnes nées du 3 au 7 NOVEMBRE, ou ayant le SOLEIL de 10° à 14,59° du **SCORPION**.

– **Élément EAU,** faisant partie du **Groupe** *ou* **Chœur** des *VERTUS* représente **L'ÉQUILIBRE, la COMPRÉHENSION et L'EXPANSION**.

– En analogie avec **le SOLEIL** astre de **la PERSON-NALITÉ, de la RENOMMÉE et de la SANTÉ**.

➤ **SÉHALIAH** accorde, si on l'invoque, la SANTÉ aux malades, la fécondité aux stériles. Vous stimulez votre entourage. Vous agissez comme un RÉVEIL, pour faire réagir des enthousiasmes endormis ! Votre endurance à toute épreuve et votre perspicacité vous aident à déceler les points forts ou faibles de vos interlocuteurs.

➤ DIALOGUE AVEC VOTRE ANGE GARDIEN

– *SÉ-HA-LIAH mon ami, mon être intérieur, toi qui me protèges et qui veilles sur moi depuis ma naissance, je sais que tu me laisses maître.sse de mes choix et de mes décisions, car j'ai le libre arbitre. Mais je sais aussi que, si je t'appelle à mon secours, tu seras là pour me sauver; si j'ai besoin de tes conseils, tu seras là pour me guider; si j'ai besoin de réconfort, tu seras là pour me consoler; si j'ai besoin de ton appui, tu seras là pour me soutenir, et si j'ai besoin de ton aide, tu seras là pour exaucer mon vœu ou pour m'assister dans ma tâche.*

– *C'est pourquoi* **SÉ-HA-LIAH,** *aujourd'hui, je te demande ton aide afin que... (Voir suggestion page 128.)*

– **Puis finir par :** « *Déverse sur moi les Vertus et les Pouvoirs dont tu es porteur et Délivre-moi de la mauvaise influence* **d'ABADDON** *ainsi que SES FURIES auxquels je renonce à tout jamais afin de retrouver et garder* **mon ÉQUILIBRE psychologique !** » *MERCI.*

☞ Votre Ange Gardien se nomme **ARIEL**
(Ange N°46)

– Il influence les personnes nées du 8 au 12 NOVEMBRE ou ayant le SOLEIL de 15° à 19,59° du **SCORPION**.

– **Élément EAU**, faisant partie du **Groupe** *ou* **Chœur** des *VERTUS* représente **L'ÉQUILIBRE, la COMPRÉHENSION et L'EXPANSION**.

– En analogie avec **VÉNUS** planète de **la BEAUTÉ et de L'AMOUR, ARIEL** vous accorde, si vous l'invoquez, de comprendre et voir en rêve, ce que vous demandez de connaître. Il accorde des idées nouvelles, des pensées élevées qui apportent des solutions. Croyant très fort dans la force du désir, votre vie intérieure est riche et vous la cultivez avec sérénité. À vos yeux, tous les RÊVES sont réalisables, si l'on croit suffisamment en soi et en son guide intérieur. D'ailleurs, il n'est pas rare que vous fassiez des RÊVES prémonitoires.

➢ DIALOGUE AVEC VOTRE ANGE GARDIEN

– *ARIEL, mon ami, mon être intérieur, toi qui me protèges et qui veilles sur moi depuis ma naissance, je sais que tu me laisses maître.sse de mes choix et de mes décisions, car j'ai le libre arbitre. Mais je sais aussi que, si je t'appelle à mon secours, tu seras là pour me sauver; si j'ai besoin de tes conseils, tu seras là pour me guider; si j'ai besoin de réconfort, tu seras là pour me consoler; si j'ai besoin de ton appui, tu seras là pour me soutenir, et si j'ai besoin de ton aide, tu seras là pour exaucer mon vœu ou pour m'assister dans ma tâche.*

– *C'est pourquoi **ARIEL**, aujourd'hui, je te demande ton aide afin que... (Voir suggestion page 128.)*

– **Puis finir par** : « *Déverse sur moi les Vertus et les Pouvoirs dont tu es porteur et Délivre-moi de la mauvaise influence d'**ABADDON** ainsi que SES FURIES auxquels je renonce à tout jamais afin de retrouver et garder **mon** ÉQUILIBRE psychologique !* » *MERCI.*

☞ Votre Ange Gardien se nomme ASALIAH
(Ange N°47)

– Il influence les personnes nées du 13 au 17 NOVEMBRE, ou ayant le SOLEIL de 20° à 24,59° du SCORPION.

– **Élément EAU**, faisant partie du **Groupe** *ou* **Chœur** des **VERTUS** représente **L'ÉQUILIBRE, la COMPRÉHENSION** et **L'EXPANSION.** En analogie avec **MERCURE** planète de **L'INTELLIGENCE** et de la **COMMUNICATION, ASALIAH** vous accorde, si vous l'invoquez, l'intuition de la VÉRITÉ dans le domaine de la justice; et un caractère gentil et aimable. Avec une mémoire puissante et des idées claires, vous pouvez trouver des solutions utiles à tous vos possibles problèmes et à la réussite de vos projets. Vous aimez aider les autres à se découvrir. Votre franchise peut déplaire parfois, mais c'est tout naturellement que vous imposez le respect.

➢ DIALOGUE AVEC VOTRE ANGE GARDIEN

– *ASA-LIAH, mon ami, mon être intérieur, toi qui me protèges et qui veilles sur moi depuis ma naissance, je sais que tu me laisses maître.sse de mes choix et de mes décisions, car j'ai le libre arbitre. Mais je sais aussi que, si je t'appelle à mon secours, tu seras là pour me sauver; si j'ai besoin de tes conseils, tu seras là pour me guider; si j'ai besoin de réconfort, tu seras là pour me consoler; si j'ai besoin de ton appui, tu seras là pour me soutenir, et si j'ai besoin de ton aide, tu seras là pour exaucer mon vœu ou pour m'assister dans ma tâche.*

– *C'est pourquoi* **ASA-LIAH,** *aujourd'hui, je te demande ton aide afin que… (Voir suggestion page 128.)*

– **Puis finir par** : « *Déverse sur moi les Vertus et les Pouvoirs dont tu es porteur et Délivre-moi de la mauvaise influence* **d'ABADDON** *ainsi que SES FURIES auxquels je renonce à tout jamais afin de retrouver et garder* **mon** **ÉQUILIBRE** *psychologique !* » *MERCI.*

☞ Votre Ange Gardien se nomme **MIHAEL**
(Ange N°48)

– Il influence les personnes nées du 18 au 22 NOVEMBRE, ou ayant le SOLEIL de 25° à 29,59° du **SCORPION**.

– **Élément EAU,** faisant partie du **Groupe** *ou* **Chœur** des **VERTUS** représente **L'ÉQUILIBRE, la COMPRÉHENSION et L'EXPANSION**. En analogie avec **la LUNE** astre de **la FAMILLE, du FOYER de L'IMAGINATION et des RÊVES.**

➢ **MIHAEL** vous accorde, si vous l'invoquez, d'établir des échanges harmonieux et profonds avec le sexe opposé. Ces relations seront heureuses et pleines de promesses. Il accorde également : Paix, amour, amitié et fidélité dans les couples. Pressentiments, prémonitions, bon présage d'avenir. Relations sexuelles fécondes à tout point de vue et peut résoudre les cas de STÉRILITÉ et d'impuissance (ou d'éjaculation précoce)…

➢ DIALOGUE AVEC VOTRE ANGE GARDIEN

– *MI-HA-EL, mon ami, mon être intérieur, toi qui me protèges et qui veilles sur moi depuis ma naissance, je sais que tu me laisses maître.sse de mes choix et de mes décisions, car j'ai le libre arbitre. Mais je sais aussi que, si je t'appelle à mon secours, tu seras là pour me sauver; si j'ai besoin de tes conseils, tu seras là pour me guider; si j'ai besoin de réconfort, tu seras là pour me consoler; si j'ai besoin de ton appui, tu seras là pour me soutenir, et si j'ai besoin de ton aide, tu seras là pour exaucer mon vœu ou pour m'assister dans ma tâche.*

– *C'est pourquoi* **MI-HA-EL,** *aujourd'hui, je te demande ton aide afin que… (Voir suggestion page 128.)*

– **Puis finir par** : « *Déverse sur moi les Vertus et les Pouvoirs dont tu es porteur et Délivre-moi de la mauvaise influence* **d'ABADDON** *ainsi que SES FURIES auxquels je renonce à tout jamais afin de retrouver et garder* **mon ÉQUILIBRE** *psychologique !* » *MERCI.*

☞ Votre Ange Gardien se nomme **VÉHUEL**
(Ange N°49)

– Il influence les personnes nées du 23 au 27 NOVEMBRE, ou ayant le SOLEIL de 0° à 4,59° du SAGITTAIRE.

– **Élément FEU,** faisant partie du **Groupe** *ou* **Chœur des** *PRINCIPAUTÉS* représente la **BEAUTÉ** (intérieure comme extérieure). – En analogie avec **URANUS**, planète de **l'INDÉPENDANCE, du CHANGEMENT.**

➤ **VÉHUEL** vous accorde, si vous l'invoquez, la puissance et la gloire ainsi qu'un talent naturel et une grande estime à cause de votre générosité et votre BONTÉ.

– Votre sensibilité et votre fine psychologie sont vos principaux atouts. Vos sentiments sont nobles, et là où d'autres s'égarent, vous ne perdez jamais vos repères. Vous portez une grande attention à votre image et êtes attiré·e par les arts.

➤ DIALOGUE AVEC VOTRE ANGE GARDIEN

– *VÉ-HU-EL, mon ami, mon être intérieur, toi qui me protèges et qui veilles sur moi depuis ma naissance, je sais que tu me laisses maître.sse de mes choix et de mes décisions, car j'ai le libre arbitre. Mais je sais aussi que, si je t'appelle à mon secours, tu seras là pour me sauver; si j'ai besoin de tes conseils, tu seras là pour me guider; si j'ai besoin de réconfort, tu seras là pour me consoler; si j'ai besoin de ton appui, tu seras là pour me soutenir, et si j'ai besoin de ton aide, tu seras là pour exaucer mon vœu ou pour m'assister dans ma tâche.*

– *C'est pourquoi VÉ-HU-EL, aujourd'hui, je te demande ton aide afin que... (Voir suggestion page 128.)*

– **Puis finir par :** « *Déverse sur moi les Vertus et les Pouvoirs dont tu es porteur et Délivre-moi de la mauvaise influence de MÉRIRIM auquel je renonce à tout jamais afin que jaillissent à nouveau MES LUMIÈRES INTÉRIEURES !* » *MERCI.*

☞ Votre Ange Gardien se nomme **DANIEL**
(Ange N°50)

– Il influence les personnes nées du 28 NOVEMBRE au 2 DÉCEMBRE, ou ayant le SOLEIL de 5° à 9,59° du **SAGITTAIRE**. **Élément FEU**, faisant partie du **Groupe** *ou* **Chœur** des *PRINCIPAUTÉS* représente **la BEAUTÉ (intérieure comme extérieure).**

– En analogie avec **SATURNE**, planète de **LA LOI, de la RÉFLEXION et de la SOLIDITÉ, DANIEL** vous permet, si vous l'invoquez, d'effacer toute culpabilité inconsciente et consciente; l'éclaircissement des affaires douteuses et la prospérité des entreprises. Les valeurs morales ont une grande importance à vos yeux. Vous êtes épris·e de justice et tenez vos engagements jusqu'au bout ! Généreux·se, vous faites passer les intérêts des autres avant les vôtres. D'une fierté parfois excessive, vous en retirez toute votre force !

➤ DIALOGUE AVEC VOTRE ANGE GARDIEN

– *DANIEL, mon ami, mon être intérieur, toi qui me protèges et qui veilles sur moi depuis ma naissance, je sais que tu me laisses maître.sse de mes choix et de mes décisions, car j'ai le libre arbitre. Mais je sais aussi que, si je t'appelle à mon secours, tu seras là pour me sauver; si j'ai besoin de tes conseils, tu seras là pour me guider; si j'ai besoin de réconfort, tu seras là pour me consoler; si j'ai besoin de ton appui, tu seras là pour me soutenir, et si j'ai besoin de ton aide, tu seras là pour exaucer mon vœu ou pour m'assister dans ma tâche.*

– *C'est pourquoi* **DANIEL,** *aujourd'hui, je te demande ton aide afin que...* (Voir suggestion page 128.)

– **Puis finir par** : « *Déverse sur moi les Vertus et les Pouvoirs dont tu es porteur et Délivre-moi de la mauvaise influence de* **MÉRIRIM** *auquel je renonce à tout jamais afin que* **jaillissent à nouveau MES LUMIÈRES INTÉRIEURES !** » *MERCI.*

☞ Votre Ange Gardien se nomme **HAHASIAH**
(Ange N°51)

– Il influence les personnes nées du 28 NOVEMBRE au 2 DÉCEMBRE, ou ayant le SOLEIL de 10° à 14,59° du **SAGITTAIRE**. **Élément FEU**, faisant partie du **Groupe** *ou* **Chœur** des *PRINCIPAUTÉS* représente **la BEAUTÉ (intérieure comme extérieure).**
  – En analogie avec **JUPITER**, planète de **la CHANCE du SUCCÈS et des VOYAGES.**

➢ **HAHASIAH** vous accorde, si vous l'invoquez, des pouvoirs pour vous guérir et guérir les autres, car il accorde la vocation pour la médecine. Vous êtes très sensible à tout ce qui vous entoure. La détresse et la souffrance humaine sont aussi les vôtres ! Un rien peut vous décourager tout comme vous enthousiasmer. Mais la foi que vous avez en la vie fait que, très vite vous retrouvez la force de vous battre et de continuer la route.

➢ **DIALOGUE AVEC VOTRE ANGE GARDIEN**

  – *HA-HA-SIAH, mon ami, mon être intérieur, toi qui me protèges et qui veilles sur moi depuis ma naissance, je sais que tu me laisses maître.sse de mes choix et de mes décisions, car j'ai le libre arbitre. Mais je sais aussi que, si je t'appelle à mon secours, tu seras là pour me sauver; si j'ai besoin de tes conseils, tu seras là pour me guider; si j'ai besoin de réconfort, tu seras là pour me consoler; si j'ai besoin de ton appui, tu seras là pour me soutenir, et si j'ai besoin de ton aide, tu seras là pour exaucer mon vœu ou pour m'assister dans ma tâche.*
  – *C'est pourquoi* **HAHASIAH,** *aujourd'hui, je te demande ton aide afin que… (Voir suggestion page 128.)*
  – **Puis finir par** : « *Déverse sur moi les Vertus et les Pouvoirs dont tu es porteur et Délivre-moi de la mauvaise influence de* **MÉRIRIM** *auquel je renonce à tout jamais afin que* **jaillissent à nouveau MES LUMIÈRES INTÉRIEURES !** » *MERCI.*

☞ Votre Ange Gardien se nomme **IMAMIAH**
(Ange N°52)

– Il influence les personnes nées du 8 au 12 DÉCEMBRE, ou ayant le SOLEIL de 15° à 19,59° du **SAGITTAIRE**. **Élément FEU**, faisant partie du **Groupe** *ou* **Chœur** des ***PRINCIPAUTÉS*** représente **la BEAUTÉ (intérieure comme extérieure)**. En analogie avec **MARS, planète de L'ACTION et du DÉSIR**.

➤ **IMAMIAH** vous accorde, si vous l'invoquez, de réussir pleinement votre vie sociale, si vous vous occupez en contrepartie de la protection de prisonniers ou du soutien de ceux qui traversent des moments pénibles. IL permet donc : de connaître, respecter et aimer nos ennemis, ainsi que la protection dans les déplacements, les voyages, comme la protection des prisonniers, moyens d'être libérés. Avec IMAMIAH, vous avez l'art de renverser les situations complexes en votre faveur.

➤ DIALOGUE AVEC VOTRE ANGE GARDIEN

– ***IMA-MIAH,*** *mon ami, mon être intérieur, toi qui me protèges et qui veilles sur moi depuis ma naissance, je sais que tu me laisses maître.sse de mes choix et de mes décisions, car j'ai le libre arbitre. Mais je sais aussi que, si je t'appelle à mon secours, tu seras là pour me sauver; si j'ai besoin de tes conseils, tu seras là pour me guider; si j'ai besoin de réconfort, tu seras là pour me consoler; si j'ai besoin de ton appui, tu seras là pour me soutenir, et si j'ai besoin de ton aide, tu seras là pour exaucer mon vœu ou pour m'assister dans ma tâche.*

– *C'est pourquoi* ***IMA-MIAH,*** *aujourd'hui, je te demande ton aide afin que... (Voir suggestion page 128.)*

– **Puis finir par :** « *Déverse sur moi les Vertus et les Pouvoirs dont tu es porteur et Délivre-moi de la mauvaise influence de* **MÉRIRIM** *auquel je renonce à tout jamais afin que* ***jaillissent à nouveau MES LUMIÈRES INTÉRIEURES !*** » *MERCI.*

☞ Votre Ange Gardien se nomme **NANAEL**
(Ange N°53)

– Il influence les personnes nées du 13 au 16 DÉCEMBRE, ou ayant le SOLEIL de 20° à 24,59° du **SAGITTAIRE**. **É**lément **FEU**, faisant partie du **Groupe** *ou* **Chœur** des ***PRINCIPAUTÉS*** représente **la BEAUTÉ (inté-rieure comme extérieure).**

– En analogie avec **le SOLEIL** astre de **la PERSON-NALITÉ, de la RENOMMÉE et de la SANTÉ.**

➢ **NANAEL** vous accorde, si vous l'invoquez, l'inspi-ration pour les études de hautes sciences. Il donne l'inspiration dans leur travail, aux magistrats et avocats, ainsi que la connaissance ésotérique transcendante, par la méditation. Cet Ange vous apporte chance et séduction. Vous avez souvent de bonnes inspirations et vous êtes convaincu·e que vos pas sont guidés par des amis invisibles. (Et vous avez raison !)

➢ DIALOGUE AVEC VOTRE ANGE GARDIEN

– *NA-NA-EL, mon ami, mon être intérieur, toi qui me protèges et qui veilles sur moi depuis ma naissance, je sais que tu me laisses maître.sse de mes choix et de mes décisions, car j'ai le libre arbitre. Mais je sais aussi que, si je t'appelle à mon secours, tu seras là pour me sauver; si j'ai besoin de tes conseils, tu seras là pour me guider; si j'ai besoin de réconfort, tu seras là pour me consoler; si j'ai besoin de ton appui, tu seras là pour me soutenir, et si j'ai besoin de ton aide, tu seras là pour exaucer mon vœu ou pour m'assister dans ma tâche.*

– *C'est pourquoi **NA-NA-EL**, aujourd'hui, je te demande ton aide afin que... (Voir suggestion page 128.)*

– **Puis finir par** : « *Déverse sur moi les Vertus et les Pouvoirs dont tu es porteur et Délivre-moi de la mauvaise influence de **MÉRIRIM** auquel je renonce à tout jamais afin que* **jaillissent à nouveau MES LUMIÈRES INTÉRIEURES !** » *MERCI.*

☞ Votre Ange Gardien se nomme **NITHAEL**
(Ange N°54)

— Il influence les personnes nées du 13 au 21 DÉCEMBRE, ou ayant le SOLEIL de 25° à 29,59° du **SAGITTAIRE**.

— **Élément FEU,** faisant partie du **Groupe** *ou* **Chœur** des ***PRINCIPAUTÉS*** représente **la BEAUTÉ (intérieure comme extérieure).** En analogie avec **VÉNUS** planète de **la BEAUTÉ et de L'AMOUR.**

➤ **NITHAEL** vous accorde, si vous l'invoquez, L'AIDE DIVINE, afin de vivre très longtemps et en bonne SANTÉ. Il accorde également un bon accueil aux demandes adressées aux puissants, ainsi que de conserver ce qui nous appartient. Fuite des voleurs ! Symbole D'ÉQUILIBRE et d'attention, vous vivez pour l'amour, les rencontres et les échanges. On se plaît en votre compagnie.

➤ DIALOGUE AVEC VOTRE ANGE GARDIEN

— *NI-THA-EL, mon ami, mon être intérieur, toi qui me protèges et qui veilles sur moi depuis ma naissance, je sais que tu me laisses maître.sse de mes choix et de mes décisions, car j'ai le libre arbitre. Mais je sais aussi que, si je t'appelle à mon secours, tu seras là pour me sauver; si j'ai besoin de tes conseils, tu seras là pour me guider; si j'ai besoin de réconfort, tu seras là pour me consoler; si j'ai besoin de ton appui, tu seras là pour me soutenir, et si j'ai besoin de ton aide, tu seras là pour exaucer mon vœu ou pour m'assister dans ma tâche.*

— *C'est pourquoi NI-THA-EL, aujourd'hui, je te demande ton aide afin que… (Voir suggestion page 128.)*

— **Puis finir par :** *« Déverse sur moi les Vertus et les Pouvoirs dont tu es porteur et Délivre-moi de la mauvaise influence de MÉRIRIM auquel je renonce à tout jamais afin que* **jaillissent à nouveau MES LUMIÈRES INTÉRIEURES ! »** *MERCI.*

☞ Votre Ange Gardien se nomme MÉBAMIAH
(Ange N°55)

    – Il influence les personnes nées du 22 au 26 DÉCEMBRE, ou ayant le SOLEIL de 0° à 4,59° du CAPRICORNE. **Élément TERRE**, faisant partie du **Groupe** *ou* **Chœur** des *PRINCIPAUTÉS* représente **la BEAUTÉ (intérieure comme extérieure).** En analogie avec **MERCURE** planète de **L'INTELLIGENCE et de la COMMUNICATION.**

    ➤ **MÉBAMIAH** vous accorde, si vous l'invoquez, d'avoir des enfants, tout comme la POSSIBILITÉ de mener une vie conventionnelle et morale – aide à la diffusion des idées religieuses et spirituelles. Symbole de transformation et de morale, vos capacités affectives et émotionnelles guident vos actes. Impressionnable, vous avez besoin de période de retrait afin de vous ressourcer un peu. D'une nature spontanée, vous laissez libre cours à votre sensibilité.

    ➤ **DIALOGUE AVEC VOTRE ANGE GARDIEN**

    – *MÉ-BA-HIAH, mon ami, mon être intérieur, toi qui me protèges et qui veilles sur moi depuis ma naissance, je sais que tu me laisses maître.sse de mes choix et de mes décisions, car j'ai le libre arbitre. Mais je sais aussi que, si je t'appelle à mon secours, tu seras là pour me sauver; si j'ai besoin de tes conseils, tu seras là pour me guider; si j'ai besoin de réconfort, tu seras là pour me consoler; si j'ai besoin de ton appui, tu seras là pour me soutenir, et si j'ai besoin de ton aide, tu seras là pour exaucer mon vœu ou pour m'assister dans ma tâche.*

    – *C'est pourquoi* **MÉBAMIAH**, *aujourd'hui, je te demande ton aide afin que... (Voir suggestion page 128.)*

    – **Puis finir par :** « *Déverse sur moi les Vertus et les Pouvoirs dont tu es porteur et Délivre-moi de la mauvaise influence de* **MÉRIRIM** *auquel je renonce à tout jamais afin que* **jaillissent à nouveau MES LUMIÈRES INTÉRIEURES !** » *MERCI.*

☞ Votre Ange Gardien se nomme **POYEL**
(Ange N°56)

– Il influence les personnes nées du 27 au 31 DÉCEMBRE, ou ayant le SOLEIL de 5° à 9,59° du **CAPRICORNE**. **Élément TERRE**, faisant partie du **Groupe** *ou* **Chœur** des *PRINCIPAUTÉS* représente **la BEAUTÉ (intérieure comme extérieure).** En analogie avec **la LUNE** astre de **la FAMILLE, du FOYER de L'IMAGINATION et des RÊVES.**

➢ **POYEL** vous accorde, si vous l'invoquez, la RENOMMÉE, la richesse, le savoir, la connaissance et le pouvoir; ainsi qu'une élocution facile. De plus vous recevrez L'ESTIME DE TOUS. Votre forte personnalité exerce une grande influence sur autrui. Romantique dans l'âme, vous avez l'art de mettre en mots vos émotions et vos RÊVES. Votre charme ne passe pas inaperçu et vous savez exprimer vos sentiments.

➢ **DIALOGUE AVEC VOTRE ANGE GARDIEN**

– *PO-YEL, mon ami, mon être intérieur, toi qui me protèges et qui veilles sur moi depuis ma naissance, je sais que tu me laisses maître.sse de mes choix et de mes décisions, car j'ai le libre arbitre. Mais je sais aussi que, si je t'appelle à mon secours, tu seras là pour me sauver; si j'ai besoin de tes conseils, tu seras là pour me guider; si j'ai besoin de réconfort, tu seras là pour me consoler; si j'ai besoin de ton appui, tu seras là pour me soutenir, et si j'ai besoin de ton aide, tu seras là pour exaucer mon vœu ou pour m'assister dans ma tâche.*

– *C'est pourquoi* **PO-YEL**, *aujourd'hui, je te demande ton aide afin que... (Voir suggestion page 128.)*

– **Puis finir par** : « *Déverse sur moi les Vertus et les Pouvoirs dont tu es porteur et Délivre-moi de la mauvaise influence de* **MÉRIRIM** *auquel je renonce à tout jamais afin que* **jaillissent à nouveau MES LUMIÈRES INTÉRIEURES !** » *MERCI.*

☞ Votre Ange Gardien se nomme **NÉMAMIAH**
(Ange N°57)

– Il influence les personnes nées du 1er au 5 JANVIER, ou ayant le SOLEIL de 10° à 14,59° du **CAPRICORNE**.

– **Élément TERRE**, faisant partie du **Groupe** *ou* **Chœur des** *ARCHANGES* représente L'INTELLIGENCE, **L'IMAGI-NATION et la PROTECTION**. Effacement d'un destin KARMIQUE. En analogie avec **URANUS**, planète de **L'INDÉPENDANCE, du CHANGEMENT**.

➢ **NÉMAMIAH** accorde, si vous l'invoquez, la libération des prisonniers; avancement rapide dans la carrière militaire; la prospérité en toute chose; être leader, le chef dans les luttes juste. Doté·e d'une excellente logique et d'une bonne intuition, vous avez l'envergure pour concrétiser des projets d'avenir. Votre esprit d'analyse d'une grande rapidité et de précision fait que vous ne laissez rien au hasard.

➢ DIALOGUE AVEC VOTRE ANGE GARDIEN

– *NÉ-MA-MIAH, mon ami, mon être intérieur, toi qui me protèges et qui veilles sur moi depuis ma naissance, je sais que tu me laisses maître.sse de mes choix et de mes décisions, car j'ai le libre arbitre. Mais je sais aussi que, si je t'appelle à mon secours, tu seras là pour me sauver; si j'ai besoin de tes conseils, tu seras là pour me guider; si j'ai besoin de réconfort, tu seras là pour me consoler; si j'ai besoin de ton appui, tu seras là pour me soutenir, et si j'ai besoin de ton aide, tu seras là pour exaucer mon vœu ou pour m'assister dans ma tâche.*

– *C'est pourquoi* **NÉMAMIAH**, *aujourd'hui, je te demande ton aide afin que… (Voir suggestion page 128.)*

– **<u>Puis finir par</u>** : « *Déverse sur moi les Vertus et les Pouvoirs dont tu es porteur et Délivre-moi de la mauvaise influence d'*ASTAROTH *et ses Esprits accusateurs auxquels je renonce à tout jamais afin que la VÉRITÉ suprême* **s'exprime dans mes ACTES et mes PAROLES !** » **MERCI**.

☞ Votre Ange Gardien se nomme YÉIALEL
(Ange N°58)

– Il influence les personnes nées du 6 au 10 JANVIER, ou ayant le SOLEIL de 15° à 19,59° du **CAPRICORNE**.

– **Élément TERRE,** faisant partie du **Groupe** *ou* **Chœur** des *ARCHANGES* représente **L'INTELLIGENCE, L'IMAGI-NATION et la PROTECTION.** Effacement **d'un destin KAR-MIQUE.** En analogie avec **SATURNE,** planète de **LA LOI, de la RÉFLEXION et de la SOLIDITÉ.**

➤ **YÉIALEL** aide à combattre la morosité, apporte réconfort dans la peine, confond les faux témoins et ceux qui nous persécutent.

– Votre nature combative, votre endurance psychique, votre soif d'action constante vous donnent des aptitudes de commandement. Votre objectivité vous épargne bien des erreurs, car vous pesez toujours le pour et le contre avant de vous engager.

➤ DIALOGUE AVEC VOTRE ANGE GARDIEN

– *YÉ-IA-LEL, mon ami, mon être intérieur, toi qui me protèges et qui veilles sur moi depuis ma naissance, je sais que tu me laisses maître.sse de mes choix et de mes décisions, car j'ai le libre arbitre. Mais je sais aussi que, si je t'appelle à mon secours, tu seras là pour me sauver; si j'ai besoin de tes conseils, tu seras là pour me guider; si j'ai besoin de réconfort, tu seras là pour me consoler; si j'ai besoin de ton appui, tu seras là pour me soutenir, et si j'ai besoin de ton aide, tu seras là pour exaucer mon vœu ou pour m'assister dans ma tâche.*

– *C'est pourquoi YÉ-IA-LEL, aujourd'hui, je te demande ton aide afin que... (Voir suggestion page 128.)*

– **Puis finir par :** *« Déverse sur moi les Vertus et les Pouvoirs dont tu es porteur et Délivre-moi de la mauvaise influence d'ASTAROTH et ses Esprits accusateurs auxquels je renonce à tout jamais afin que la VÉRITÉ suprême **s'exprime dans mes ACTES et mes PAROLES !** » MERCI*

☞ Votre Ange Gardien se nomme **HARAEL**
(Ange N°59)

– Il influence les personnes nées du 11 au 15 JANVIER, ou ayant le SOLEIL de 20° à 24,59° du **CAPRICORNE**.

– **Élément TERRE**, faisant partie du **Groupe** *ou* **Chœur** des *ARCHANGES* représente **L'INTELLIGENCE, L'IMAGI-NATION et la PROTECTION**. Effacement **d'un destin KARMIQUE**.

– En analogie avec **JUPITER**, planète de **la CHANCE du SUCCÈS et des VOYAGES, HARAEL** vous accorde, si vous l'invoquez, la réussite dans tout travail intellectuel. Vous apprendrez avec facilité et réussirez vos examens. Symbole de justice et de spiritualité, votre intelligence est en général analytique et vous aimez percer à jour les autres. Votre droiture est exemplaire, elle suscite l'admiration et le respect. Vos idées sont séduisantes, votre magnétisme assure la réceptivité d'autrui.

➤ DIALOGUE AVEC VOTRE ANGE GARDIEN

– *HA-RA-EL, mon ami, mon être intérieur, toi qui me protèges et qui veilles sur moi depuis ma naissance, je sais que tu me laisses maître.sse de mes choix et de mes décisions, car j'ai le libre arbitre. Mais je sais aussi que, si je t'appelle à mon secours, tu seras là pour me sauver; si j'ai besoin de tes conseils, tu seras là pour me guider; si j'ai besoin de réconfort, tu seras là pour me consoler; si j'ai besoin de ton appui, tu seras là pour me soutenir, et si j'ai besoin de ton aide, tu seras là pour exaucer mon vœu ou pour m'assister dans ma tâche.*

– *C'est pourquoi* **HARAEL***, aujourd'hui, je te demande ton aide afin que... (Voir suggestion page 128.)*

– **Puis finir par** : « *Déverse sur moi les Vertus et les Pouvoirs dont tu es porteur et Délivre-moi de la mauvaise influence d'*ASTAROTH *et ses Esprits accusateurs auxquels je renonce à tout jamais afin que la VÉRITÉ suprême s'exprime dans mes ACTES et mes PAROLES !* » *MERCI*

☞ Votre Ange Gardien se nomme **MITZRAEL**
(Ange N°60)

– Il influence les personnes nées du 16 au 20 JANVIER, ou ayant le SOLEIL de 25° à 29,59° du **CAPRICORNE.**

– **Élément TERRE,** faisant partie du **Groupe** *ou* **Chœur** des *ARCHANGES* représente **L'INTELLIGENCE, l'IMAGI-NATION et la PROTECTION.** Effacement **d'un destin KARMIQUE.** En analogie avec **MARS, planète de L'ACTION et du DÉSIR, MITZRAEL** vous accorde, la guérison des maladies mentales (dépression entre autres), la libération des persécuteurs, mais aussi, la victoire dans les concours et examens, dans les compétitions d'habilité, dans les tournois d'adresse, jeux télévisés, jeux de société basés sur la culture et sur la mémoire. Avec **MITZRAEL,** symbole de rigueur et de sensibilité, vous laissez peu paraître vos émotions, car vous voulez rester maître.sse de vous-même en toutes circonstances.

➤ **DIALOGUE AVEC VOTRE ANGE GARDIEN**

– *MIT-ZRA-EL, mon ami, mon être intérieur, toi qui me protèges et qui veilles sur moi depuis ma naissance, je sais que tu me laisses maître.sse de mes choix et de mes décisions, car j'ai le libre arbitre. Mais je sais aussi que, si je t'appelle à mon secours, tu seras là pour me sauver; si j'ai besoin de tes conseils, tu seras là pour me guider; si j'ai besoin de réconfort, tu seras là pour me consoler; si j'ai besoin de ton appui, tu seras là pour me soutenir, et si j'ai besoin de ton aide, tu seras là pour exaucer mon vœu ou pour m'assister dans ma tâche.*

– *C'est pourquoi* **MITZRAEL,** *aujourd'hui, je te demande ton aide afin que… (Voir suggestion page 128.)*

– **Puis finir par** : « *Déverse sur moi les Vertus et les Pouvoirs dont tu es porteur et Délivre-moi de la mauvaise influence d'ASTAROTH et ses Esprits accusateurs auxquels je renonce à tout jamais afin que la VÉRITÉ suprême* **s'exprime dans mes ACTES et mes PAROLES !** » *MERCI*

☞ Votre Ange Gardien se nomme UMABEL
(Ange N°61)

– Il influence les personnes nées du 21 au 25 JANVIER, ou ayant le SOLEIL de 0° à 4,59° du **VERSEAU**.

– **Élément AIR**, faisant partie du **Groupe** *ou* **Chœur** des *ARCHANGES* représente **L'INTELLIGENCE, L'IMAGINATION et la PROTECTION**. Effacement **d'un destin KARMIQUE**. En analogie avec **le SOLEIL** astre de **la PERSONNALITÉ, de la RENOMMÉE et de la SANTÉ**.

➢ **UMABEL** vous accorde, si vous l'invoquez, une mémoire infaillible et une union stable et solide. Il vous donne un cœur sensible plein de très bons sentiments qui deviendront des réalités, des SUCCÈS. Grâce à votre excellente mémoire et votre acuité mentale très développée, vous êtes avide de nouveautés et imposez vos idées. Vous restez fidèle à vos principes et inspirez une grande confiance à toute personne qui vient vers vous.

➢ DIALOGUE AVEC VOTRE ANGE GARDIEN

– *UMA-BEL, mon ami, mon être intérieur, toi qui me protèges et qui veilles sur moi depuis ma naissance, je sais que tu me laisses maître.sse de mes choix et de mes décisions, car j'ai le libre arbitre. Mais je sais aussi que, si je t'appelle à mon secours, tu seras là pour me sauver; si j'ai besoin de tes conseils, tu seras là pour me guider; si j'ai besoin de réconfort, tu seras là pour me consoler; si j'ai besoin de ton appui, tu seras là pour me soutenir, et si j'ai besoin de ton aide, tu seras là pour exaucer mon vœu ou pour m'assister dans ma tâche.*

– *C'est pourquoi UMABEL, aujourd'hui, je te demande ton aide afin que... (Voir suggestion page 128.)*

– **Puis finir par** : « *Déverse sur moi les Vertus et les Pouvoirs dont tu es porteur et Délivre-moi de la mauvaise influence d'ASTAROTH et ses Esprits accusateurs auxquels je renonce à tout jamais afin que la VÉRITÉ suprême s'exprime dans mes ACTES et mes PAROLES !* » *MERCI*

☞ Votre Ange Gardien se nomme **IAH-HEL**
(Ange N°62)

– Il influence les personnes nées du 26 au 30 JANVIER, ou ayant le SOLEIL de 5° à 9,59° du **VERSEAU**. – **Élément AIR,** faisant partie du **Groupe** *ou* **Chœur** des *ARCHANGES* représente **L'INTELLIGENCE, L'IMAGINATION et la PROTECTION.** Effacement **d'un destin KARMIQUE.** En analogie avec **VÉNUS** planète de **la BEAUTÉ et de L'AMOUR.**

➢ **IAH-HEL** vous accorde, si vous l'invoquez, bonne entente du couple : amour, amitié, bonheur... ainsi que la POSSIBILITÉ d'atteindre vos buts et objectifs.

– Ayant fait de la compréhension votre atout principal, ne jugeant ni ne critiquant jamais, votre sagesse est appréciée. Vous aimez être entouré·e et votre nature bienveillante apaise bien des tourments. Vos idées sont justes et précises, ce qui vous vaut par la suite que les événements vous donnent raison.

➢ **DIALOGUE AVEC VOTRE ANGE GARDIEN**

– *IAH-HEL,* mon ami, mon être intérieur, toi qui me *protèges et qui veilles sur moi depuis ma naissance, je sais que tu me laisses maître.sse de mes choix et de mes décisions, car j'ai le libre arbitre. Mais je sais aussi que, si je t'appelle à mon secours, tu seras là pour me sauver; si j'ai besoin de tes conseils, tu seras là pour me guider; si j'ai besoin de réconfort, tu seras là pour me consoler; si j'ai besoin de ton appui, tu seras là pour me soutenir, et si j'ai besoin de ton aide, tu seras là pour exaucer mon vœu ou pour m'assister dans ma tâche.*

– *C'est pourquoi* **IAH-HEL,** *aujourd'hui, je te demande ton aide afin que... (Voir suggestion page 128.)*

– **Puis finir par** : « *Déverse sur moi les Vertus et les Pouvoirs dont tu es porteur et Délivre-moi de la mauvaise influence d'*ASTAROTH *et ses Esprits accusateurs auxquels je renonce à tout jamais afin que la VÉRITÉ suprême s'exprime dans mes ACTES et mes PAROLES !* » *MERCI*

☞ Votre Ange Gardien se nomme **ANAUEL**
(Ange N°63)

– Il influence les personnes nées 31 JANVIER au 4 FÉVRIER, ou ayant le SOLEIL de 10° à 14,59° du **VERSEAU**.

– **Élément AIR**, faisant partie du **Groupe** *ou* **Chœur** des *ARCHANGES* représente **L'INTELLIGENCE, l'IMAGINATION et la PROTECTION.** Effacement **d'un destin KARMIQUE.**

– En analogie avec **MERCURE** planète de **L'INTELLIGENCE et de la COMMUNICATION.**

➢ **ANAUEL** vous accorde la protection contre des accidents et la guérison des maladies. Vous pouvez également lui demander : paix, intelligence et argent. Vous avez des aptitudes pour organiser et mener à bien de vastes projets. Votre esprit méthodique est clair et ordonné. Votre générosité vous fait vous porter au secours des autres dès qu'ils vous appellent.

➢ DIALOGUE AVEC VOTRE ANGE GARDIEN

– *ANAU-EL, mon ami, mon être intérieur, toi qui me protèges et qui veilles sur moi depuis ma naissance, je sais que tu me laisses maître.sse de mes choix et de mes décisions, car j'ai le libre arbitre. Mais je sais aussi que, si je t'appelle à mon secours, tu seras là pour me sauver; si j'ai besoin de tes conseils, tu seras là pour me guider; si j'ai besoin de réconfort, tu seras là pour me consoler; si j'ai besoin de ton appui, tu seras là pour me soutenir, et si j'ai besoin de ton aide, tu seras là pour exaucer mon vœu ou pour m'assister dans ma tâche.*

– *C'est pourquoi ANAU-EL, aujourd'hui, je te demande ton aide afin que... (Voir suggestion page 128.)*

– **Puis finir par** : « *Déverse sur moi les Vertus et les Pouvoirs dont tu es porteur et Délivre-moi de la mauvaise influence d'ASTAROTH et ses Esprits accusateurs auxquels je renonce à tout jamais afin que la VÉRITÉ suprême s'exprime dans mes ACTES et mes PAROLES !* » *MERCI*

☞ Votre Ange Gardien se nomme MÉHIEL
(Ange N°64)

– Il influence les personnes nées du 5 au 9 FÉVRIER, ou ayant le SOLEIL de 15° à 19,59° du **VERSEAU.**

– **Élément AIR,** faisant partie du **Groupe** *ou* **Chœur** des *ARCHANGES* représente **L'INTELLIGENCE, L'IMAGINA-TION et la PROTECTION.** Effacement **d'un destin KAR-MIQUE.** En analogie avec **la LUNE** astre de **la FAMILLE, du FOYER de L'IMAGINATION et des RÊVES.**

➤ **MÉHIEL** vous accorde, si vous l'invoquez, de devenir un romancier à SUCCÈS, un orateur connu. Mais également, vous protège contre les mauvais instincts et les forces de l'enfer. Symbole d'adaptation et de curiosité, vous pouvez réussir à équilibrer votre vie sociale et affective. Votre imagination féconde et votre logique vous permettent de concevoir des projets ambitieux.

➤ DIALOGUE AVEC VOTRE ANGE GARDIEN

– *MÉ-HIEL,* mon ami, mon être intérieur, toi qui me protèges et qui veilles sur moi depuis ma naissance, je sais que tu me laisses maître.sse de mes choix et de mes décisions, car j'ai le libre arbitre. Mais je sais aussi que, si je t'appelle à mon secours, tu seras là pour me sauver; si j'ai besoin de tes conseils, tu seras là pour me guider; si j'ai besoin de réconfort, tu seras là pour me consoler; si j'ai besoin de ton appui, tu seras là pour me soutenir, et si j'ai besoin de ton aide, tu seras là pour exaucer mon vœu ou pour m'assister dans ma tâche.

– *C'est pourquoi **MÉ-HIEL,** aujourd'hui, je te demande ton aide afin que... (Voir suggestion page 128.)*

– **Puis finir par :** « *Déverse sur moi les Vertus et les Pouvoirs dont tu es porteur et Délivre-moi de la mauvaise influence d'**ASTAROTH** et ses Esprits accusateurs auxquels je renonce à tout jamais afin que la VÉRITÉ suprême s'exprime dans mes ACTES et mes PAROLES !* » *MERCI*

☞ Votre Ange Gardien se nomme **DAMABIAH**
(Ange N°65)

– Il influence les personnes nées du 10 au 14 FÉVRIER, ou ayant le SOLEIL de 20° à 24,59° du **VERSEAU.**

– **Élément AIR,** faisant partie du **Groupe** *ou* **Chœur** des *ANGES* représente **L'UNIFICATION et la transmission des ÉNERGIES CRÉATRICES.**

– En analogie avec **URANUS,** planète de **L'INDÉPEN-DANCE, du CHANGEMENT, DAMABIAH** vous accorde, si vous l'invoquez, la protection contre les envoûtements et les sortilèges. Protection contre les naufrages (moraux et matériels). Avec DAMABIAH, vous possédez un inconscient qui travaille à cent à l'heure. Étant principalement à l'écoute de votre vie intérieure, il n'est pas rare que vous soyez sujet·te à des perceptions extrasensorielles. Vous êtes souvent un·e voyant·e qui s'ignore ! Le contact de la nature est votre bouée de sauvetage.

➢ DIALOGUE AVEC VOTRE ANGE GARDIEN

– *DA-MA-BIAH, mon ami, mon être intérieur, toi qui me protèges et qui veilles sur moi depuis ma naissance, je sais que tu me laisses maître.sse de mes choix et de mes décisions, car j'ai le libre arbitre. Mais je sais aussi que, si je t'appelle à mon secours, tu seras là pour me sauver; si j'ai besoin de tes conseils, tu seras là pour me guider; si j'ai besoin de réconfort, tu seras là pour me consoler; si j'ai besoin de ton appui, tu seras là pour me soutenir, et si j'ai besoin de ton aide, tu seras là pour exaucer mon vœu ou pour m'assister dans ma tâche.*

– *C'est pourquoi **DAMABIAH,** aujourd'hui, je te demande ton aide afin que... (Voir suggestion page 128.)*

– **Puis finir par** : *« Déverse sur moi les Vertus et les Pouvoirs dont tu es porteur et Délivre-moi de la mauvaise influence de **MAMMON** et ses armées de Tentateurs auxquels je renonce à tout jamais afin que je retrouve **MON LIBRE ARBITRE. » MERCI.***

☞ Votre Ange Gardien se nomme **MANAKEL**
(Ange N°66)

– Il influence les personnes nées du 15 au 19 FÉVRIER, ou ayant le SOLEIL de 25° à 29,59° du **VERSEAU.**

– **Élément AIR,** faisant partie du **Groupe** *ou* **Chœur** des *ANGES* représente **L'UNIFICATION et la transmission des ÉNERGIES CRÉATRICES.**

– En analogie avec **SATURNE,** planète de **LA LOI, de la RÉFLEXION et de la SOLIDITÉ.**

➤ **MANAKEL** vous accorde, si vous l'invoquez, de garder votre logement, votre emploi, d'être aimé·e par sa famille, ses chefs, des autorités. Il vous octroie également BONTÉ, pressentiments justes pendant les RÊVES, vous endormir avec facilité (combat l'insomnie; vous libère de vos sentiments de culpabilité. Il y a en vous un sentiment de LIBERTÉ indestructible. Il vous faut beaucoup de mouvements et d'activités créatives...

➤ DIALOGUE AVEC VOTRE ANGE GARDIEN

– *MA-NA-KEL, mon ami, mon être intérieur, toi qui me protèges et qui veilles sur moi depuis ma naissance, je sais que tu me laisses maître.sse de mes choix et de mes décisions, car j'ai le libre arbitre. Mais je sais aussi que, si je t'appelle à mon secours, tu seras là pour me sauver; si j'ai besoin de tes conseils, tu seras là pour me guider; si j'ai besoin de réconfort, tu seras là pour me consoler; si j'ai besoin de ton appui, tu seras là pour me soutenir, et si j'ai besoin de ton aide, tu seras là pour exaucer mon vœu ou pour m'assister dans ma tâche.*

– *C'est pourquoi* **MANAKEL,** *aujourd'hui, je te demande ton aide afin que... (Voir suggestion page 128.)*

– **Puis finir par** : « *Déverse sur moi les Vertus et les Pouvoirs dont tu es porteur et Délivre-moi de la mauvaise influence de* **MAMMON et ses armées de Tentateurs** *auxquels je renonce à tout jamais afin que je retrouve* **MON LIBRE ARBITRE.** » **MERCI.**

☞ Votre Ange Gardien se nomme ÉYAEL
(Ange N°67)

– Il influence les personnes nées du 20 au 24 FÉVRIER, ou ayant le SOLEIL de 0° à 4,59° des **POISSONS**.

– **Élément EAU,** faisant partie du **Groupe** *ou* **Chœur** des *ANGES* représente **L'UNIFICATION et la transmission des ÉNERGIES CRÉATRICES.**

– En analogie avec **JUPITER,** planète de **la CHANCE du SUCCÈS et des VOYAGES,** ÉYAEL vous accorde, si vous l'invoquez, la connaissance et la maîtrise des sciences ésotériques, mais aussi une longue vie heureuse et confortable en répandant autour de vous, le bonheur… Vous avez la capacité de comprendre de façon intuitive ce qui se cache en chaque être. Ainsi, vous pouvez apporter une aide considérable aux âmes en peine. Tous les domaines qui ont pour but de changer ou d'améliorer le quotidien d'autrui sont à votre mesure.

➤ DIALOGUE AVEC VOTRE ANGE GARDIEN

– *É-YA-EL mon ami, mon être intérieur, toi qui me protèges et qui veilles sur moi depuis ma naissance, je sais que tu me laisses maître.sse de mes choix et de mes décisions, car j'ai le libre arbitre. Mais je sais aussi que, si je t'appelle à mon secours, tu seras là pour me sauver; si j'ai besoin de tes conseils, tu seras là pour me guider; si j'ai besoin de réconfort, tu seras là pour me consoler; si j'ai besoin de ton appui, tu seras là pour me soutenir, et si j'ai besoin de ton aide, tu seras là pour exaucer mon vœu ou pour m'assister dans ma tâche.*

– *C'est pourquoi É-YA-EL, aujourd'hui, je te demande ton aide afin que… (Voir suggestion page 128.)*

– **Puis finir par** : *« Déverse sur moi les Vertus et les Pouvoirs dont tu es porteur et Délivre-moi de la mauvaise influence de* **MAMMON** *et ses armées de Tentateurs auxquels je renonce à tout jamais afin que je retrouve* **MON LIBRE ARBITRE ».** **MERCI.**

☞ Votre Ange Gardien se nomme **HABUMIAH**
(Ange N°68)

– Il influence les personnes nées du 25 au 29 FÉVRIER, ou ayant le SOLEIL de 5° à 9,59° des **POISSONS**.

– **Élément EAU**, faisant partie du **Groupe** *ou* **Chœur** des *ANGES* représente **L'UNIFICATION et la transmission des ÉNERGIES CRÉATRICES.** En analogie avec **MARS, planète de L'ACTION et du DÉSIR, HABUMIAH** vous accorde, si vous l'invoquez, la GUÉRISON de toutes les maladies, la FÉCONDITÉ chez les femmes, la FERTILISATION des terres. Il permet des récoltes abondantes.

– Symbole de fécondité et de savoir, vous êtes doué·e pour écouter les autres et tout particulièrement les enfants. Votre sensibilité et réceptivité font de vous une personne agréable à vivre et l'on recherche souvent votre compagnie, car vous avez toujours les mots pour réconforter et apaiser.

➢ DIALOGUE AVEC VOTRE ANGE GARDIEN

– *HA-BU-MIAH, mon ami, mon être intérieur, toi qui me protèges et qui veilles sur moi depuis ma naissance, je sais que tu me laisses maître.sse de mes choix et de mes décisions, car j'ai le libre arbitre. Mais je sais aussi que, si je t'appelle à mon secours, tu seras là pour me sauver; si j'ai besoin de tes conseils, tu seras là pour me guider; si j'ai besoin de réconfort, tu seras là pour me consoler; si j'ai besoin de ton appui, tu seras là pour me soutenir, et si j'ai besoin de ton aide, tu seras là pour exaucer mon vœu ou pour m'assister dans ma tâche.*

– *C'est pourquoi* **HABUMIAH,** *aujourd'hui, je te demande ton aide afin que... (Voir suggestion page 128.)*

– **Puis finir par** : « *Déverse sur moi les Vertus et les Pouvoirs dont tu es porteur et Délivre-moi de la mauvaise influence de* **MAMMON et ses armées de Tentateurs** *auxquels je renonce à tout jamais afin que je retrouve* **MON LIBRE ARBITRE.** » **MERCI.**

☞ Votre Ange Gardien se nomme **ROCHEL**
(Ange N°69)

– Il influence les personnes nées du 1er au 5 MARS, ou ayant le SOLEIL de 10° à 14,59° des **POISSONS**.

– **Élément EAU**, faisant partie du **Groupe** *ou* **Chœur** des *ANGES* représente **L'UNIFICATION et la transmission des ÉNERGIES CRÉATRICES.**

– En analogie avec **le SOLEIL** astre de **la PERSONNALITÉ, de la RENOMMÉE et de la SANTÉ.**

➢ **ROCHEL** vous accorde, si vous l'invoquez, la possibilité de retrouver des objets perdus (ainsi que le voleur). Il octroie également : RENOMMÉE, fortune, héritage, donations... Être très connu·e dans le monde la magistrature et des LOIS. (Notaire, avocat...). Doué·e d'une grande lucidité, vous savez déjouer les pièges. Les carrières ayant un lien avec la Justice, la loi, vous sont favorables.

➢ DIALOGUE AVEC VOTRE ANGE GARDIEN

– *ROCHEL, mon ami, mon être intérieur, toi qui me protèges et qui veilles sur moi depuis ma naissance, je sais que tu me laisses maître.sse de mes choix et de mes décisions, car j'ai le libre arbitre. Mais je sais aussi que, si je t'appelle à mon secours, tu seras là pour me sauver; si j'ai besoin de tes conseils, tu seras là pour me guider; si j'ai besoin de réconfort, tu seras là pour me consoler; si j'ai besoin de ton appui, tu seras là pour me soutenir, et si j'ai besoin de ton aide, tu seras là pour exaucer mon vœu ou pour m'assister dans ma tâche.*

– *C'est pourquoi* **ROCHEL,** *aujourd'hui, je te demande ton aide afin que... que... afin que…* (Voir suggestion page 128.)

– **<u>Puis finir par</u> :** « *Déverse sur moi les Vertus et les Pouvoirs dont tu es porteur et Délivre-moi de la mauvaise influence de* **MAMMON et ses armées de Tentateurs** *auxquels je renonce à tout jamais afin que je retrouve* **MON LIBRE ARBITRE.** » *MERCI.*

☞ Votre Ange Gardien se nomme **JABAMIAH**
(Ange N°70)

– Il influence les personnes nées du 6 au 10 MARS, ou ayant le SOLEIL de 15° à 19,59° des **POISSONS**.

– **Élément EAU**, faisant partie du **Groupe** *ou* **Chœur** des *ANGES* représente **L'UNIFICATION et la transmission des ÉNERGIES CRÉATRICES.** En analogie avec **VÉNUS** planète de **la BEAUTÉ et de L'AMOUR.**

➤ **JABAMIAH** vous accorde, si vous l'invoquez, la RÉGÉNÉRATION des natures corrompues – récupérer ses droits et ses fonctions corporelles.

– Les circonstances négatives du quotidien ne vous atteignent pas. Votre imagination est florissante, et vous n'avez guère les pieds sur terre ! Vous avez l'esprit d'aventure, mais seule l'aventure mentale vous attire ! Un poste dans la littérature ou l'enseignement est fait pour vous !

➤ **DIALOGUE AVEC VOTRE ANGE GARDIEN**

– *JA-BA-MIAH, mon ami, mon être intérieur, toi qui me protèges et qui veilles sur moi depuis ma naissance, je sais que tu me laisses maître.sse de mes choix et de mes décisions, car j'ai le libre arbitre. Mais je sais aussi que, si je t'appelle à mon secours, tu seras là pour me sauver; si j'ai besoin de tes conseils, tu seras là pour me guider; si j'ai besoin de réconfort, tu seras là pour me consoler; si j'ai besoin de ton appui, tu seras là pour me soutenir, et si j'ai besoin de ton aide, tu seras là pour exaucer mon vœu ou pour m'assister dans ma tâche.*

– *C'est pourquoi* **JABAMIAH**, *aujourd'hui, je te demande ton aide afin que... (Voir suggestion page 128.)*

– **Puis finir par :** *« Déverse sur moi les Vertus et les Pouvoirs dont tu es porteur et Délivre-moi de la mauvaise influence de* **MAMMON** *et ses armées de Tentateurs auxquels je renonce à tout jamais afin que je retrouve* **MON LIBRE ARBITRE**. *»* **MERCI.**

☞ Votre Ange Gardien se nomme **HAIIAEL**
(Ange N°71)

– Il influence les personnes nées du 11 au 15 MARS, ou ayant le SOLEIL de 20° à 24,59° des **POISSONS.**

– **Élément EAU,** faisant partie du **Groupe** *ou* **Chœur** des *ANGES* représente **L'UNIFICATION et la transmission des ÉNERGIES CRÉATRICES.**

– En analogie avec **MERCURE** planète de **L'INTEL-LIGENCE et de la COMMUNICATION. HAI-IA-EL** vous accorde, si vous l'invoquez, de confondre les méchants, la libération des oppresseurs, protection, victoire, paix, courage dans la vie quotidienne. Vous bâtissez toute votre vie sur l'expérience et la rigueur. Discipline et perfection sont vos symboles. La logique est votre point fort; Vous maîtrisez à la perfection vos émotions. Vous ne vous laissez jamais aller. Vous détestez les paroles hypocrites et vous savez les remettre en place.

➤ DIALOGUE AVEC VOTRE ANGE GARDIEN

– *HAI-IA-EL, mon ami, mon être intérieur, toi qui me protèges et qui veilles sur moi depuis ma naissance, je sais que tu me laisses maître.sse de mes choix et de mes décisions, car j'ai le libre arbitre. Mais je sais aussi que, si je t'appelle à mon secours, tu seras là pour me sauver; si j'ai besoin de tes conseils, tu seras là pour me guider; si j'ai besoin de réconfort, tu seras là pour me consoler; si j'ai besoin de ton appui, tu seras là pour me soutenir, et si j'ai besoin de ton aide, tu seras là pour exaucer mon vœu ou pour m'assister dans ma tâche.*

– *C'est pourquoi* **HAI-IA-EL,** *aujourd'hui, je te demande ton aide afin que... (Voir suggestion page 128.)*

– **Puis finir par** : « *Déverse sur moi les Vertus et les Pouvoirs dont tu es porteur et Délivre-moi de la mauvaise influence de* **MAMMON et ses armées de Tentateurs** *auxquels je renonce à tout jamais afin que je retrouve* **MON LIBRE ARBITRE.** » **MERCI.**

☞ Votre Ange Gardien se nomme **MUMIAH**
(Ange N°72)

– Il influence les personnes nées du 16 au 20 MARS, ou ayant le SOLEIL de 25° à 29,59° des **POISSONS**.

– **Élément EAU,** faisant partie du **Groupe** *ou* **Chœur** des *ANGES* représente **L'UNIFICATION et la transmission des ÉNERGIES CRÉATRICES.**

– En analogie avec **la LUNE** astre de **la FAMILLE, du FOYER de L'IMAGINATION et des RÊVES, MUMIAH** vous accorde, si vous l'invoquez, la grâce et le pouvoir de terminer ce que vous avez commencé. Par Lui, toutes les expériences seront menées à bonne fin. Persévérance et famille sont vos points forts. Vous aimez les traditions et êtes très attentif.ve aux désirs des vôtres. Vous allez à l'essentiel tout en vous montrant protecteur.trice envers autrui. Vous savez distribuer le bonheur autour de vous. La patience est votre plus grande force.

➤ DIALOGUE AVEC VOTRE ANGE GARDIEN

– *MU-MIAH, mon ami, mon être intérieur, toi qui me protèges et qui veilles sur moi depuis ma naissance, je sais que tu me laisses maître.sse de mes choix et de mes décisions, car j'ai le libre arbitre. Mais je sais aussi que, si je t'appelle à mon secours, tu seras là pour me sauver; si j'ai besoin de tes conseils, tu seras là pour me guider; si j'ai besoin de réconfort, tu seras là pour me consoler; si j'ai besoin de ton appui, tu seras là pour me soutenir, et si j'ai besoin de ton aide, tu seras là pour exaucer mon vœu ou pour m'assister dans ma tâche.*

– *C'est pourquoi* **MU-MIAH,** *aujourd'hui, je te demande ton aide afin que... (Voir suggestion page 128.)*

– **Puis finir par :** « *Déverse sur moi les Vertus et les Pouvoirs dont tu es porteur et Délivre-moi de la mauvaise influence de* **MAMMON et ses armées de Tentateurs** *auxquels je renonce à tout jamais afin que je retrouve* **MON LIBRE ARBITRE...** » *MERCI.*

☞ Suggestion de demande à votre Ange gardien

RAPPEL

– Vous pouvez modifier la suggestion comme bon vous semble.

– Celle proposée est une généralité. À vous de remplacer (éventuellement) par ce qui vous correspond le plus.

– Je vous suggère toutefois, de l'écrire sur la partie réservée à cet effet (votre demande personnelle) afin de ne pas avoir à chercher vos mots à chaque fois que vous prierez !

➢ Suggestion : *Je sollicite ton aide pour retrouver ma santé psychologique. Libère-moi de mes angoisses et de mes peurs que je sais infondées.*

– Aide-moi à surmonter cette inquiétude constante qui m'envahit, à retrouver mon bien-être et ma sérénité, ainsi qu'à mettre un terme à toute culpabilité. Désormais, je veux cesser de me soucier pour tout et pour tous !

*– **Puis finir par** :* (reprendre la dernière partie correspondant).

Ou votre demande personnelle.

☞

**Après avoir repéré la prière
à VOTRE ANGE personnel**

*que vous ferez TOUJOURS
en première intention,*

**continuez avec les prières…
(*pages suivantes*)**

➤ **Aux 4 Anges SPÉCIALISTES.**

*(Il va de soi que si l'un de ces Anges
cités ci-après est le vôtre
il n'est nullement nécessaire de le citer ici !)*

ॐ

VÉ-HU-IAH (01),

...(*Élément FEU – du Chœur des SÉRAPHINS* permet, si on l'invoque :
   – d'obtenir le courage pour expérimenter des projets difficiles. Il accorde le tonus pour en finir avec la dépression ou la maladie et par extension retrouver une puissante énergie à toute épreuve, comme : la victoire sur l'adversité – **se libérer des angoisses – vaincre l'anxiété...** *(entre autres)*.

Puis d'ÉLÉMIAH (04),

... (*Élément FEU du Chœur des SÉRAPHINS*), vous pouvez obtenir un résultat POSITIF car cet Ange accorde le pouvoir de « RÉPARATION » **tout comme se libérer des angoisses – vaincre l'anxiété...** *(entre autres)*.

...De HAZIEL (09)

...(*Élément TERRE – du Chœur des CHÉRUBINS*), vous pouvez obtenir un résultat positif à votre demande, car IL accorde le pardon de toutes les fautes de nos vies antérieures, et du présent. Il se peut que certaines angoisses soient liées à une prise de conscience de nos erreurs commises et que nous avons du mal à assumer. HAZIEL vous accordera son aide à la seule condition de toujours chercher **LA RECONCILIATION, LE RAPPROCHEMENT** ET NON PAS LE COMBAT, NI LA DISPUTE.
   – Il permet ainsi : amitié sincère – réconciliation (amicale – amoureuse – familiale), d'annuler litige et/ou querelle – **de se libérer des angoisses – vaincre l'anxiété** *(entre autres)*.

Et de LAUVIAH (17)

...*(Élément AIR)* – *du Chœur* des *TRÔNES)*, vous permet de vaincre l'insomnie, une bonne récupération et un bon repos nocturne (indispensable pour retrouver le bien-être).

– Il fait **disparaître les angoisses, l'anxiété et la tristesse.**

☞ **Pour faire votre demande à ces 4 Anges**
vous devrez IMPÉRATIVEMENT passer par l'intermédiaire de VOTRE ANGE comme cité ci-après...

– *«Mon ANGE GARDIEN* **(citer),** *je Te prie d'aller visiter les ANGES VÉ-HU-IAH, ÉLÉMIAH,* **HAZIEL** *et* **LAUVIAH** *et LEUR demander de bien vouloir m'accorder LEURS Dons et Pouvoirs et LEUR transmettre ceci».*

(NB : il va de soi que si l'un de ces Anges cités fait partie du vôtre, il n'est nullement nécessaire de le citer ici !)

Puis dire comme ci-dessous :

– *VÉ-HU-IAH, ÉLÉMIAH, HAZIEL et LAUVIAH,* mes amis, frères de mon JUMEAU SPIRITUEL **(citer votre ANGE),** *j'ai besoin de votre appui et de votre aide bienveillante pour :*

➢ Suggestion : *Je sollicite votre aide pour retrouver ma santé psychologique. Libèrez-moi de mes angoisses et de mes peurs que je sais infondées.*

– Aidez-moi à surmonter cette inquiétude constante qui m'envahit, à retrouver mon bien-être et ma sérénité, ainsi qu'à mettre un terme à toute culpabilité. Désormais, je veux cesser de me soucier pour tout et pour tous !

Vous pouvez ajouter en fonction de vos besoins, un plus par Ange (*voir suggestions suivantes*) ou passez directement à page 136.

Suggestions que vous modifiez en fonction de votre cas.
Ou mieux, créez les vôtres !
*(Écrivez-les de façon à ne pas chercher vos mots
à chaque fois que vous priez !)*

Suggestion supplémentaire liée à **VÉ-HU-IAH (01)**,
VÉ-HU-IAH, *Transmets-moi cette énergie régénératrice
dont tu es porteur. J'ai besoin de ton aide pour modifier ma façon
de penser et m'affranchir de ces mauvaises habitudes mentales,
afin de retrouver toute ma sérénité et mon équilibre
psychologique.*

Suggestion supplémentaire liée à **ÉLÉMIAH (04)**,
ÉLÉMIAH, *J'ai fait des erreurs dans ma vie. La
culpabilité me ronge profondément et me détruit. Toi qui me
donnes le pouvoir de réparer, aide-moi à me pardonner et à
retrouver à nouveau mon bien-être mental.*

Suggestion supplémentaire liée à **HAZIEL (09)**
HAZIEL, *Si j'ai fait des erreurs envers mes proches,
permets-moi de le reconnaître, pour que cette prise de conscience
me libère et me rapproche de...* (Citer si une brouille avec un
proche vous ronge).

Suggestion supplémentaire liée à **LAUVIAH (17)**
(à faire le soir au coucher)
LAUVIAH, *Donne-moi le repos du corps et de l'esprit.
Je te prie de veiller sur mon sommeil pour qu'il ne soit pas
perturbé par des tourments et des cauchemars. Fais disparaître
cette anxiété pour que mes nuits soient réparatrices et me mènent
au bien-être tant espéré.*

Puis **finir par** :

«*VÉ-HU-IAH et ÉLÉMIAH*, Déversez sur moi les Vertus et les Pouvoirs dont vous êtes porteurs et Délivrez-moi de la mauvaise influence de **BELZÉBUTH** auquel je renonce à tout jamais avec **FORCE et VOLONTÉ !**»   **MERCI.**

– « **HAZIEL**, déverse sur moi les Vertus et les Pouvoirs dont tu es porteur et Délivre-moi de la mauvaise influence **du serpent PYTHON et ses Esprits menteurs** auxquels je renonce à tout jamais CONTRE **l'AMOUR du DIVIN !**»   **MERCI.**

– «*LAUVIAH*, déverse sur moi les Vertus et les Pouvoirs dont tu es porteur et Délivre-moi de la mauvaise influence **de BÉLIAL et ses Vases de fureur** auxquels je renonce à tout jamais avec **INTELLIGENCE et STABILITÉ !**»   **MERCI.**

ෞෞ

Et enfin...

☞ PRIÈRES
AUX ARCHANGES & ÉLÉMENTALS

ℵ)℘

1re INVOCATION À
L'ANGE PRINCE MÉTATRON.

– «*Moi* (**DIRE VOTRE NOM et PRÉNOM**), *petit enfant de la Terre, je t'invoque à mon aide, Divin ange PRINCE MÉTATRON, SUPRÊME représentant du PÈRE. Depuis la TERRE où je me trouve, jusqu'à ta sublime Lumière, par les ARCHANGES MIKAEL, HÉZÉDIEL et RAZIEL, par mon Ange* (**CITER**) *que j'implore, je te prie de porter ma prière devant le Trône Céleste, qu'entourent les Anges : LES SÉRAPHINS.*

– *Je supplie, Ô MÉTATRON, que soit brisé l'enchaînement des Forces infernales ou naturelles, ou en provenance d'humains malfaisants. Transmets-moi cette disposition de transformer toute pensée négative en pensée positive, afin qu'ainsi armé·e de cette force que tu irradies, je brise l'habitude de m'inquiéter pour des événements non fondés et qui n'auront pas lieu.*

Avec l'aide des *SÉRAPHINS, de MIKAEL, HÉZÉDIEL et RAZIEL, MÉTATRON, je te serais reconnaissant.e si tu pouvais m'aider à comprendre que les angoisses que je ressens ne sont que de mauvaises habitudes mentales que j'ai prises. Grâce à votre assistance, je suis confiant dans ma capacité à les modifier.*

Puis finir par :

– «*Merci à TOI, DIVIN ANGE PRINCE MÉTATRON, pour le grand bonheur que tu m'as accordé, d'entrer en communion avec le PÈRE, le CRÉATEUR des UNIVERS.*»

ℵ)℘

➢ 2ᵉ INVOCATION À
L'ANGE PRINCE MIKAEL.

– «*Divin ANGE PRINCE* **MIKAEL,** *Toi qui gouvernes le* **Chœur** *des* **ARCHANGES** *représentant l'***INTELLIGENCE, la PROTECTION et la COMMUNICATION,** *toi que l'on invoque contre les peurs et les angoisses, sois mon Libérateur et ma Force. Ainsi, sûr·e de ta bienveillante protection, avec* **TOI MIKAEL,** *je sais que toutes mes craintes et mes peurs n'ont plus lieu d'être puisque je suis, ainsi que ceux que j'aime... sous ta miséricordieuse bénédiction.*

– *Merci à Toi, Ô Divin ANGE PRINCE* **MIKAEL,** *d'exaucer ma demande*».

ഔരു

➢ 3ᵉ INVOCATION À
L'ANGE PRINCE HÉZÉDIEL.

– «*Divin Ange Prince* **HÉSÉDIEL,** *qui gouvernes le* **Chœur** *des* **DOMINATIONS,** *permettant la GUÉRISON du corps comme de l'***esprit,** *aide-moi, moi* **(DIRE VOTRE NOM et PRÉNOM)** *à retrouver la sérénité, à ne plus subir ces crises d'angoisses infondées.*

– «*Merci à toi DIVIN ANGE - PRINCE* **HÉSÉDIEL,** *d'exaucer ma demande de FILS (FILLE) du CRÉATEUR des UNIVERS*».

ഔരു

➢ 4ᵉ INVOCATION À
L'ANGE PRINCE RAZIEL.

☞ *L'INFLUENCE de RAZIEL*
se fera encore plus ressentir s'il est invoqué
pendant les 7 JOURS du mois
correspondants à votre *ÉLÉMENT – SIGNE,* **soit :**

du **1ᵉʳ au 07 du mois,** si vous êtes un **signe de FEU**
(BÉLIER – LION – SAGITTAIRE)

du **08 au 14 du mois,** si vous êtes un signe d'**EAU**
(POISSONS – CANCER – SCORPION)

du **15 au 21 du mois,** si vous êtes un signe d'**AIR**
(GÉMEAUX – BALANCE – VERSEAU)

du **22 au 31 du mois,** si vous êtes un signe de **TERRE**
(TAUREAU – VIERGE – CAPRICORNE)

*(Prière à faire de préférence les 7 jours du mois
en correspondance avec votre signe astrologique)*

– «*Divin ANGE PRINCE* ***RAZIEL****, qui gouvernes le*
Chœur *des* ***CHÉRUBINS****, Transmets-moi cette capacité de
regarder en moi-même, avec bienveillance.*
– *j'ai commis des erreurs de parcours, l'anxiété me ronge
et me détruit... Mais Toi RAZIEL, représentant* ***l'AMOUR du
DIVIN****, aide-moi à retrouver mon bien-être mental.*
– *Merci à Toi, Ô Divin ANGE PRINCE* ***RAZIEL****,
d'exaucer ma demande*».

ℬↃ◖ℜ

➢ 5ᵉ INVOCATION
AUX ÉLÉMENTALS

– *Je vous invoque, les* **ÉLÉMENTALS, PUISSANCES SPIRITUELLES...**

➢ *Vous les Esprits du FEU,* **les SALAMANDRES,** *et vous les Esprits de l'EAU : les* **ONDINES,** *pour que vous me veniez en aide dans ma guérison par la régénération... Vous qui êtes à mon service pour me protéger, me guider, me donner la force morale, mais aussi la joie, le bonheur, l'amour et la sérénité. Je vous demande humblement de m'accorder à moi* **(CITER),** *l'apaisement de tous les conflits avec les êtres humains qui m'entourent, et particulièrement avec ceux que j'aime.*

– *Je vous demande votre aide afin que je me libère de mes angoisses. Transmettez-moi cette énergie régénératrice dont vous êtes porteurs, afin que je retrouve toute ma sérénité et que j'obtienne la victoire sur mes démons intérieurs...*

– *Je vous remercie infiniment les* **ÉLÉMENTALS, PUISSANCES SPIRITUELLES,** *vous les Esprits du FEU : les* **SALAMANDRES** *et vous les Esprits de l'EAU : les* **ONDINES ;** *de votre aide BIENVEILLANTE à mon égard.*

❧❧❧

6ᵉ INVOCATION À *SANDALPHON.*

    – **SANDALPHON,** *toi qui gouvernes le Chœur des* **HUMAINS**, *je te prie de porter toutes mes prières à ton FRÈRE MÉTATRON afin qu'il les transmette à son tour au PÈRE CÉLESTE, qui je suis sûr·e ne refusera pas ma supplique.*
    – *Merci à TOI* **SANDALPHON** *d'être mon porte-parole.*

₭)₮

    – Reprenez le cours de votre journée en étant convaincu·e d'avoir été entendu·e.
    – Imaginez-vous avec le résultat tant espéré ! NE DOUTEZ PAS de votre démarche !

₭)₮

CHAPITRE V

<u>Votre</u>

Ange Gardien

<u>à découvrir</u>

ဘာ

➤ LISTE DES ANGES GARDIENS

ℬↃℭℛ

➤ IMPORTANT ! Si vous êtes en « bordure » des dates de naissances dans la LISTE ci-après, il est préférable de faire établir votre <u>carte de ciel</u> afin de connaître **le degré exact de la position du SOLEIL dans votre signe SOLAIRE.**

Exemple :
Vous êtes né·e le **29 FÉVRIER 1984** à <u>**09H45.**</u>
Votre SOLEIL natal est à **9°58** des POISSONS
…votre Ange PERSO est **(68) HABUMIAH**
Mais
Vous êtes né·e le **29 FÉVRIER 1984** à <u>**20H45.**</u>
Votre SOLEIL natal est à **10°26** des POISSONS
…votre Ange PERSO est **(69) ROCHEL**

Autre exemple :
➤ Né·e le 07.12.**1992** à **01H** = soleil à **15°09**
du SAGITTAIRE soit : Ange GARDIEN **(52) IMAMIAH**
➤ Né·e le 07.12.**1995** à **14H** = soleil à **14°57**
du SAGITTAIRE soit : Ange GARDIEN **(51) HAHASIAH**

D'où l'importance de connaître <u>l'heure EXACTE de naissance.</u>

– Au cas où il vous est impossible de connaître **le degré de la position du SOLEIL,** vous ne possédez pas Internet ou L'HEURE de naissance n'a pas été précisée sur l'acte (*ce qui est rare*), dans ce cas, je vous suggère simplement d'invoquer les 2 Anges susceptibles de vous correspondre !

– En reprenant un des exemples ci-dessus, si le né du 29 FÉVRIER 1984 ne connaîtrait pas <u>son heure exacte de naissance</u>, il invoquerait à la fois : **HABUMIAH et ROCHEL**

➤ **Il existe des logiciels de calcul gratuits dont 2 que j'ai sélectionné pour vous.** *(Voir pages suivantes).*

☞ Vous êtes du signe du **BÉLIER**, votre Ange se situe
du n° 01 à 06 *(environ)*

☞ Vous êtes du signe du **TAUREAU**, votre Ange se situe
du n° 07 à 12 *(environ)*

☞ Vous êtes du signe des **GÉMEAUX,** votre Ange se situe
du n° 13 à 18 *(environ)*

☞ Vous êtes du signe du **CANCER**, votre Ange se situe
du n° 19 à 24 *(environ)*

☞ Vous êtes du signe du **LION**, votre Ange se situe
du n° 25 à 30 *(environ)*

☞ Vous êtes du signe de la **VIERGE**, votre Ange se situe
du n° 31 à 36 *(environ)*

☞ Vous êtes du signe de la **BALANCE**, votre Ange se situe
du n° 37 à 42 *(environ)*

☞ Vous êtes du signe du **SCORPION**, votre Ange se situe
du n° 43 à 48 *(environ)*

☞ Vous êtes du signe du **SAGITTAIRE**, votre Ange se situe
du n° 49 à 54 *(environ)*

☞ Vous êtes du signe **CAPRICORNE,** votre Ange se situe
du n° 55 à 60 *(environ)*

☞ Vous êtes du signe du **VERSEAU,** votre Ange se situe
du n° 61 à 66 *(environ)*

☞ Vous êtes du signe des **POISSONS,** votre Ange se situe
du n° 67 à 72 *(environ)*

➤ Ci-après, je vous indique <u>2 liens</u> pour pouvoir calculer **le degré** de votre **signe astrologique,** le jour de votre naissance. À défaut, si les liens ne sont plus actifs, <u>tapez dans la barre de recherche INTERNET :</u> *« Calculer le degré du soleil de naissance »*

☞ **Lien N°1 :**
http://www.astroquick.fr/astrologie_signe_decan_calcul.php

Vous serez redirigé·e sur la page :
« Votre signe solaire et votre décan »

➤ **Il vous suffira de donner votre date et votre <u>heure*</u> de naissance <u>EXACTE</u>.** (*Que vous pouvez obtenir en regardant sur le livret de famille ou en téléphonant à la mairie de votre lieu de naissance.

– Pour **le lieu** de naissance, si né·e en France, vous pouvez taper le N° de DÉPARTEMENT de naissance ou la grande ville la plus proche.

☞ Ce qui donnera une fois le calcul effectué :

*La **position du Soleil natal de…** a été calculée avec une précision d'une minute de temps et une seconde d'arc, d'après ses données de naissance :* (<u>exemple :</u>)
jeudi 1ᵉʳ mai 1958 à 12h30
(11h30 UT, D.UT = +1h00m)
50 Manche (Saint Lô) – France
(lat.49N07 long.001W01)

*Le signe **SOLAIRE DE…** est TAUREAU*
*Le Soleil de… est à <u>**10°35 du Taureau.**</u>*

Ce qui donne pour « SOLEIL à 10°35 du TAUREAU »
<u>Ange perso</u> **(09) HAZIEL**

☞ Ce qui vous donne, une fois vos coordonnées EXACTES
de naissance, fournies : (**Le SOLEIL** sur votre carte de ciel est
représenté par le symbole ☉ et le degré est indiqué
à côté *ou* au-dessus *ou* dessous (c'est suivant…)

Et comme ci-dessous, dans un encadré, vous est indiquée
la position du soleil dans le signe souhaité.

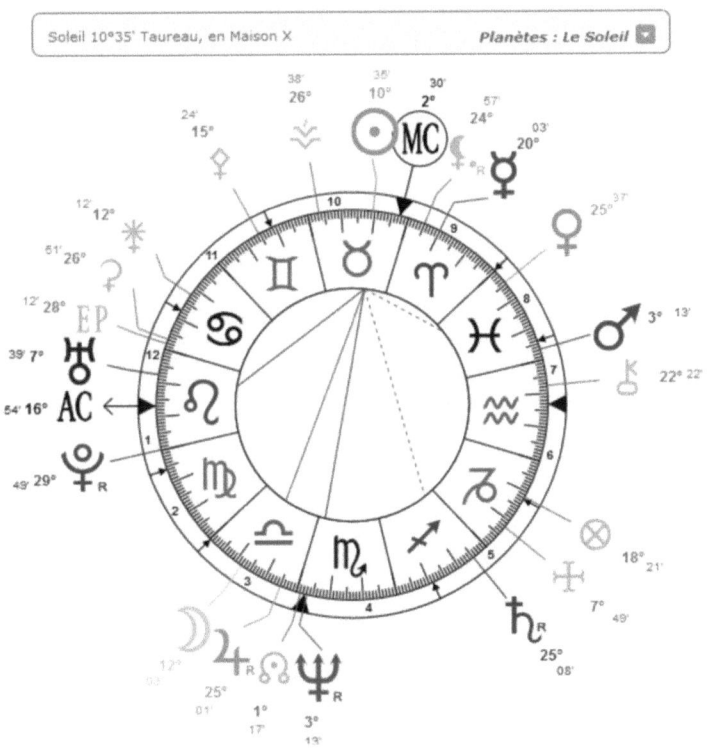

Ce qui donne pour « SOLEIL à 10°35 du TAUREAU »
Ange perso **(09) HAZIEL**

CHAPITRE VI

Les +++

ajoutés…

➢ **Respectez ces consignes !**

En fonction de votre intention, vous **le découpez,** vous le
remplissez* (page suivante) et vous inscrivez votre vœu au dos,
suivi de « *Merci* + **signer** »
soit :

➢ un **DIMANCHE,** jour « **DETENTE** »
(avec un crayon **JAUNE**)

Suggestion : *je lâche prise, je ne m'inquiète plus à tort et à
travers. Je n'ai rien à craindre.*
Merci
+ signer

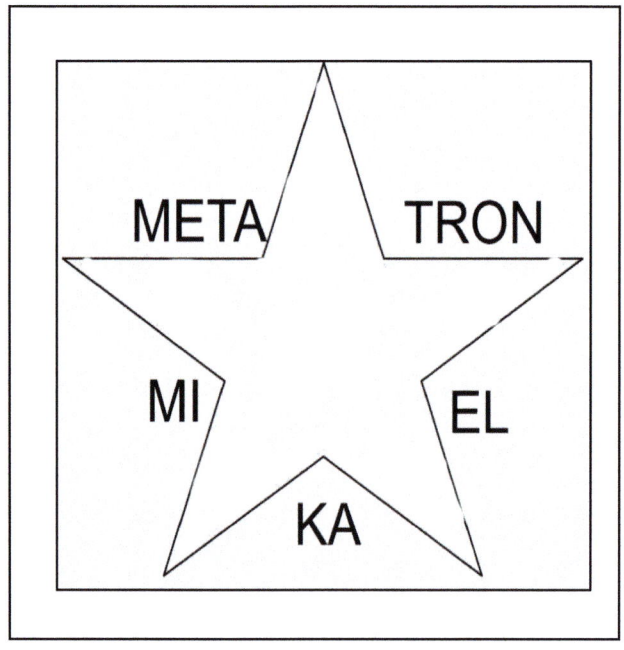

À L'intérieur de l'étoile, vous inscrirez :

– le NOM de votre ange – votre prénom et chiffre destin*.

*(*qui est la date de naissance réduite à un seul chiffre).*
Sauf si le total correspond à 11 ou 22.
Étant des chiffres maîtres, ils ne se réduisent pas !

En général, une date de naissance calculée de 2 façons
différentes donnera le même chiffre…
Par exemple : *20. 09.1948*
$20 + 09 + 1948 = 1977 = 1 + 9 + 7 + 7 = 24 = 2 + 4 = \underline{6}$
ou $20 + 09 + 1 + 9 + 4 + 8 = 51 = 5 + 1 = \underline{6}$

➢ **Cas particuliers :**
par exemples : *01.05.1958*
$01 + 05 + 1958 = \mathbf{1964} = 1 + 9 + 6 + 4 = 20 = \underline{2}$
mais :
$01 + 05 + 1 + 9 + 5 + 8 = 29 = 2 + 9 = \underline{11}$
(le 11 étant un chiffre maître, vous inscrirez : 11 – 2)

Ou encore : *02.06.1949*
Soit : $02 + 06 + 1 + 9 + 4 + 9 = 31 = 3 + 1 = \underline{4}$
Mais :
$02 + 06 + 1949 = \mathbf{1957} = 1 + 9 + 5 + 7 = \underline{22}$ *chiffre MAÎTRE*
(le 22 étant un chiffre maître, vous inscrirez : 22 – 4)

– Une fois, votre PENTAGRAMME prêt,
vous le mettez dans votre portefeuille.

Vous pouvez lui transmettre l'énergie LUNAIRE en l'exposant
sur le bord intérieur de votre fenêtre.
À défaut, sur rebord extérieur ou autre mais protégé pas un bol ou
saladier transparent. (PAS de PLASTIQUE !)
Les 3 jours de LUNE ◯
Exemple sur calendrier 2017 : 11 – 12 – 13 mars,

VOS PRIÈRES

RAPIDES

ഇരു

☞ Lorsque des crises d'angoisses vous assaillent,
voici **quelques petites prières immédiates**
que je vous conseille d'apprendre par cœur…
Elles vous seront très profitables dans un instant de panique
ou de grande anxiété, mais également au cours
de votre méditation lorsque vous ferez
votre ½ heure de marche* quotidienne.
*(*si ce n'est pas encore une de vos habitudes,
je vous la suggère vivement ! même si cela vous « coûte »
au début, cela deviendra vite un rituel journalier très bénéfique
tant pour votre corps que votre esprit !)*

➤ Prière de la SÉRÉNITÉ N°1
*Que Le PÈRE me donne le courage d'accepter
ce que je ne puis changer,
le courage de changer ce qui est en mon pouvoir
et la sagesse d'en comprendre la différence.*

➤ Prière de la SÉRÉNITÉ N°2
*"L'anxiété n'est rien d'autre qu'une mauvaise
déformation psychique et, avec l'aide de mes Amis invisibles,
je peux modifier n'importe quelle manie stressante
en une habitude insouciante ».
Des soucis m'assaillent ? Je les chasse de mon esprit
Puisqu'ils ne sont que dans mon imagination ! »*

➤ Petite Prière (très efficace) de GUÉRISON
*Seigneur, Tu as guéri et accordé la paix à plusieurs personnes
pendant ton séjour sur terre ;
Guéris-moi de **l'anxiété** qui me ronge.
Accorde-moi ton pardon. Aide-moi à me pardonner moi-même.
Décharge-moi de toutes mes fautes et fais-moi savoir
que Tu ne les retiens pas contre moi. Délivre-moi de mes pêchés.
Puis permets à ta PAIX de descendre sur moi.
Merci.*

☞ Autres Prières rapides

➤ Le matin au lever, vous pouvez dire :

– *Père, je te confie ma journée, ma vie, mon travail, ma santé ainsi que tous les êtres qui me sont chers. Sous ta bienveillante protection j'ai compris que quoi qu'il arrive, je saurai y faire face puisque c'est ta volonté et que rien ne surgit sans raison, si ce n'est que de me faire évoluer. »*

Variante :

– *"Je crois que cette journée sera merveilleuse Même si des problèmes surgissent aujourd'hui, je suis paré·e psychologiquement pour y faire face.*
– *Je me sens très bien, physiquement et moralement. Rien d'angoissant ne troublera mon esprit aujourd'hui. Tout va bien aller, Dieu est avec moi, mon Ange* **(citer)** *veille sur moi et il me suffit de lui faire appel pour qu'il m'apporte son aide.*
– *Je remercie le Père pour toutes ses bontés ainsi que mes guides de l'invisible de leur bienveillante protection..."*

➤ Le soir avant de vous endormir :

– *"Seigneur, merci cette journée. Elle a été ce qu'elle devait être avec ses hauts et ses bas. J'ai fait de mon mieux pour la vivre pleinement. Tu m'y as aidé·e et je t'en remercie. Et si j'ai eu des moments de doutes et de craintes, c'est que je n'ai pas eu suffisamment foi en Toi et je t'en demande pardon.*
– *La journée est terminée, je l'ai vécue, je te la redonne. Maintenant je te confie ma nuit. Je te demande humblement de faire en sorte qu'elle soit douce et réparatrice. Que je dorme du sommeil du juste, que rien ne vienne le troubler afin que demain matin, mon réveil soit rempli de vitalité et de pensées positives. Amen...*

☞ Comment positiver !

Perdez l'habitude de dire par exemple :
« Encore une mauvaise journée qui se prépare ! »

Mais affirmez plutôt :
« Cette journée sera magnifique. »

Ou encore :
« Que vais-je faire de cette journée qui s'annonce ? »

Dites ceci :
« Aujourd'hui je vais me consacrer pleinement à **(CITER)**
(préciser une tâche*). »
N'oubliez pas que s'occuper les mains occupe également
votre esprit et vous évite de ressasser !

*ce peut être du jardinage, bricolage, tricot, généalogie…
tout comme faire du tri dans vos placards, vos armoires...
Passionnez-vous pour quelque chose !
cela fait aussi partie de votre guérison !

Au lieu de dire :
« J'ai trop peur que telle chose arrive »,

Pensez plutôt :
*« Avec l'aide du Père, de mon Ange gardien…
tout ce qui arrivera sera salutaire pour mon évolution. »*

Ou encore :
« C'est trop dur, jamais je ne vais m'en sortir... »

Remplacez par :
*– l'Esprit marche devant moi et m'ouvre le chemin, la force est en
moi et rien ne m'empêchera d'atteindre mon but ! »*

Le PASSÉ vous hante !

Vous avez commis des erreurs, blesser un de vos proches,
vécu une expérience douloureuse…
Quoi qu'il en soit, hélas ce qui est fait ne peut être défait !
si ce n'est vous excuser sincèrement pour le second cas,
mais pour le reste, vous n'y pouvez plus rien !

Donc, dites ceci :
(relevé dans la bible (Philippiens 3.13-14)
*« J'oublie tout ce qui est derrière moi, tourné vers l'avant ;
je cours à l'appel de Dieu et de Jésus ».*

L'AVENIR vous angoisse !
**Peur de la vieillesse, peur de la maladie,
peur de perdre votre conjoint, peur de la mort…**
Dites-vous que tout le monde vieilli en même temps que vous !
Que la médecine fait de grands progrès,
que vous partiez peut-être avant lui,
que la mort n'est pas une fin !
*(le sommeil est « une petite mort ! »
avez-vous peur de vous endormir ?...)*

Pensez ceci :

– *« Je suis sous la protection du PÈRE et de mon Ange
gardien* (CITER). *Ainsi protégé·e, rien d'insurmontable ne
m'arrivera, mes inquiétudes ne sont pas fondées. La paix et la
sérénité m'envahissent à nouveau ! Je suis bien.»*

Etc.

Prenez un cahier et faites vous-même
vos **petites formules positives**
que vous vous répétez chaque jour !

ℰↃℭℛ

☞ CONCLUSION

ഇഝ

➢ Que vous utilisiez « la magie lunaire » ou non, il est nécessaire de faire ces prières et de lire attentivement les formules « magiques » proposées avec une concentration profonde. **Prenez le temps de bien assimiler chaque phrase.**
– Respecter le JOUR de la SEMAINE **(soit le MARDI SAMEDI ou DIMANCHE)** pour **démarrer** votre programme ainsi que le nombre de jours indiqués (28 minimum) correspondant à une lunaison....
– Continuer en neuvaines mensuelles, 6 mois minimum…

Mais surtout…
☞ **CROYEZ en votre mieux être. Imaginez-vous serein.e, revoyez-vous enfant, quand vous étiez insouciant.e ! CROIRE, c'est la clé de la réalisation de son vœu !**
– Par ailleurs, Il est important de se retrouver face « *à soi-même* ». De faire un travail d'introspection, tout mettre en œuvre pour modifier votre façon de penser. N'oubliez jamais cette parabole : « *AIDE–TOI, le ciel T'AIDERA !* »
– Pour que les prières de ce livre portent leurs fruits, elles doivent être accompagnées de vos efforts.
Nous n'avons et ne recevons RIEN SANS RIEN !

➢ Que les FORCES Bienveillantes du COSMOS
veillent sur vous et vous protègent.

Martine MÉNARD alias HAZIELA

157

Quelques photocopies

de

lettres

MANUSCRITES

**envoyées par mes clients
au cours de ma carrière
de parapsychologue - conseil**

ೞಬ

Ces TÉMOIGNAGES* de satisfaction ci-après
que j'ai reçu tout au long de ma carrière,
font référence à *MON aide apportée
pour permettre de résoudre bien des problèmes.

*Mais en toute HUMILITÉ, je n'ai fait que transmettre
mon savoir, mes connaissances…
Et ces remerciements, je les adresse à mon tour à
Mes Guides de L'INVISIBLE qui m'ont inspirée,
à chaque fois que je devais préparer un dossier en particulier.
C'est pourquoi, ayant reçu ces témoignages
m'assurant d'extraordinaires résultats pour certains,
j'ai tenu à poursuivre ce travail, sous forme de livres…
Même quand l'heure de la retraite a sonné !

Les lettres ci-après ne font pas référence uniquement
à des **cas de santé,** mais aussi :
argent – travail – amour – finances… etc.

Alors vous aussi, franchissez le pas !
Persévérez dans vos prières et méditation
et l'heure de la récompense sonnera aussi pour vous !

ෝᏓᏗ

Bonjour Martine,

Avant notre rencontre.

1. Depuis des années, je dormais environ quatre à cinq heures maximum par nuit, j'étais très fatigué le matin et je faisais des cauchemars la nuit (celui avec des cornes et autres problèmes).
2. Chaque jour, j'étais énervé pour rien, de mauvaise humeur, pas le temps d'écouter les personnes.
3. Je restais au travail assez tard le soir, pas par vocation, ni par ambition, je ne sais pas pourquoi d'ailleurs, je me noyais dans le travail.
4. J'apportais beaucoup d'aide à mes collègues (moral, psychologique, évolution au sein de la hiérarchie et autres) sans aucune reconnaissance de leurs parts.
5. J'avais des douleurs très fortes dans le dos (côté gauche et au coude droit).

Après notre rencontre.

1. 15 jours après notre rencontre, je dors bien la nuit, j'ai diminué ma dose d'anxiolytique de moitié, je fais des nuits complètes.
2. Depuis que j'ai commencé les prières, j'ai pris du recul, je rentre très tôt du travail (horaire légal).
3. Je communique avec mon Ange tous les jours, peut être pas assez ?
4. Je pense qu'il me manque quelque chose pour être mieux, mais je ne sais pas quoi ?
5. J'applique chaque soir la prière des Anges, les trois phrases, avant de m'endormir.
6. Je suis plus calme et moins nerveux.
7. Je m'énerve moins, au travail et à la maison.
8. J'écoute un peu plus mes collègues mais je garde mes distances, afin de ne pas me laisser polluer par des histoires sans importance.
9. J'applique certains écris des prières, j'ignore et je ne réponds pas aux provocations.
10. Je commence à faire une croix sur mon passé (travail et autres), trop polluant.
11. Je commence à me fier à mes intuitions.
12. La chance est avec moi, de plus, je suis plus positif envers moi-même.
13. J'ai toujours des fortes douleurs dans le dos (côté gauche et au coude droit).
14. Je fais ma relaxation chaque jour avec de la musique douce (le soir).
15. Je lis chaque jour, le premier livret avec toutes les prières en respectant les écrits. Le mois d'octobre a été consacré à cela et au mois de novembre je continuerai à les faire, ainsi qu'en décembre. A l'intérieur, je trouve la tranquillité, la paix, la compréhension.
16. Dans la nuit du 28 au 29/10/10, je me suis réveillé brutalement, Je pense que j'ai eu la visite de l'Ange Reiyel, il est vrai que j'en avais fait la demande, la veille, à mon ange.

Martine.

Je Paul remercie pour
toute l'aide que Paul
m'avez apportée dans
la Société (travail Argent)
Aide aussi dans la
maladie -

Il est certain que Paul
avez des dons et ses
Conseils sont précieux -

Amicalement

Chère Madame Ménard

Votre étude m'a apporté de la force,
de l'encouragement, du réconfort a permis
de supporter cette pénible épreuve suicidaire,
surmonter tout ces obstacles un deuil difficile
accidents, maladies etc... tout cela sans
interruption.
Les circonstances fait que je note toujours
des sorties agréables comme par un effet
du hasard, il y a toujours des imprévus
désagréables.
Avec tous mes remerciements, veuillez agréer
Madame Ménard, l'assurance de mon
meilleur souvenir.

163

Percy, 31 Août

Mme MENARD,

Je vous remercie beaucoup
de votre AIDE spirituelle. Elle
a permis à ma fille de trouver
du travail dans un temps record.
Elle a repris goût à la vie.
Mille fois MERCI.

Salutations.

Je tiens à l'Anonymat de cette lettre.

chère Martine,

Je vous remercie de votre aide précieuse,

que vous mavez donner, car cela mã permit

de pouvoir, gagnée au loto, encore ungrand Mercie

Recevez chère Martine toutes mes sincères

amities,

MR Pierre Gali

PS Bonjour, de la part de Marcelline, Katy, Pascal,

Martine,

Dominique a réussi à atteindre son but en quelques mois, nous en sommes ravis, c'est pourquoi nous avons pleine confiance pour la suite de nos projets et venons vous demander des travaux supplémentaires. En ce qui concerne Pauline, grâce à vous, son sommeil s'est nettement régularisé. Il reste encore à faire mais son comportement est nettement plus agréable. Je crois que sans vous je serais en dépression. Merci pour tout le bien que vous nous apportez.

Chère Martine,
Je viens de vous écrire un long message qui a été refusé pour une soi-disant erreur d'adresse, alors je recommence.
Je disais donc que je témoignerai qu'avec votre aide toute personne dans le désarroi peut avec votre aide trouver une issue à ses souffrances.
Pour cela, la personne doit être très certaine de ses sentiments et vouloir le bonheur de l'autre autant que le sien.
~~Si elle ne~~ ██
██
Après avoir pris sa décision, elle doit complètement s'imprégner de vos nombreuses méthodes et prier régulièrement avec une grande ferveur en ne doutant jamais du résultat qu'elle attend.
Je vous envoyais régulièrement des e.mails pour que restent des traces de mon évolution, de mes souffrances, de mes efforts (j'espère ne jamais avoir été complètement découragée dans mes messages, car je ne relis jamais ce que j'écris).
Tous ces textes étaient destinés à être publiés d'une part pour prouver que vous avez été mon Sauveur et aussi pour donner l'espoir aux personnes dans la détresse.
Cet après-midi, j'ai dialogué pendant une heure avec mon médecin psychiatre qui connaît mon mal de vivre depuis des années et elle n'en revenait pas d'avoir devant elle une femme positive,

Martin,

Les bonnes nouvelles méritent d'être sues. Effectivement nous avons trouvé la maison que nous cherchions à Fleury/Orne soit exactement très proche de Caen. Nous signerons chez le notaire fin avril. C'est un grand soulagement, l'affaire a été très dure à traiter, il a fallu négocier (c'est une succession). En tous les cas nous sommes enchantés du résultat. Le travail fait a une fois de plus porté ses fruits. Dominique loge pour le moment dans une chambre meublée que nous avons trouvé facilement.

L'ouverture du magasin à CAEN a eu lieu vendredi 19 mars (c'est un beau magasin et grand en surface). Le chiffre d'affaire ne semble pas trop mal. Dominique va maintenant pouvoir se consacrer pleinement aux pièces que vous nous avez confiées à cet effet.

La petite Pauline ne cesse d'être malade depuis la fin du mois de janvier, vivement que nous soyons déménagés afin qu'elle profite du grand air. Pour elle j'aimerais recevoir un nouveau talisman (ou plutôt étoile de nativité) qui est en permanence dans mon porte monnaie et en piteux état.

Cher Martine

Je vous envoie ce petit mots pour vous
remercier car je commence à avoir un peu
plus de chance et j'ai confiance en vous
et à mon ange gardien qui me soutien
beaucoup quand je suis dans la peine

Témoignages,

J'ai la joie de remercier Martine
pour l'aide et le réconfort qu'elle
m'a apporter en ce qui concerne mon
fils Christophe, et d'avoir obtenue
la grâce demandée par ces prières.
Aujourd'hui je lui dois un
grand Merci

Toutes Mes Amitiés

F. T.

_____, le 29 Mars 98.

Bonjour Martine,

Je vous remercie d'avoir permis à _____ de montrer une telle détermination à ne plus rencontrer son père devant le Juge des Enfants _____. Devant une telle situation, le Juge des Enfants s'est déclaré incompétent et a classé l'affaire au suite tout en me conseillant de saisir le Juge des Affaires Familiales.

affaire.

Je me permets de continuer à vous solliciter et je vous remercie pour tout le bien que vous lui faites ainsi qu'à moi. _____ vous fait de gros bisous.

Je vous embrasse.

_____

Le 6 septembre 2008

MADAME MENARD Martine
L'HOTES ES BRUNS
50570 HAUTEVILLE la GUICHARD,

MADAME,

Le dossier d'aide spycho spirituel que vous avez établit est un
bienfait sur les différents plans décrits ci après :

C'est une aide pour :
- reprendre confiance en soi
- Retrouver espoir
- Remettre en question ses ambitions
- Retrouver un épanouissement psychologique
- Retrouver un courage perdu lors de mauvaises nouvelles
- Retrouver un espoir qui s'agrandi au fur et à mesure que
les validations approches
- Apprendre à gérer son stress grâce à l'espoir qui
réapparait.

Recevez Madame, mes sincères salutations.

Je souhaite rester **anonyme**.

170

Martial 35. Ans. Marié - 3 enfants.
53.000 CHATEAU-GONTHIER.

Photocopies de
lettres de réf.

Martine.

Cela fait un mois que Dieu m'a conduit jusqu'à vous et depuis
ce jour je sais un être différent.

Grâce à vous, j'ai découvert que les souffrances que nous vivons
ici bas sont faites pour nous ouvrir de nouveaux horizons.

Vos conseils et vos prévisions (qui se révèlent justes, jour après jour)
m'ont apporté une aide morale et spirituelle.

La découverte de mon Ange Gardien a été pour moi une divine
révélation. Je retrouve doucement la force de me battre et d'accepter
ce que je refuser.

Vous êtes la preuve vivante de la confiance du réconfort et de la
voyance (telle clairvoyance). Puisse de nombreuses personnes en diffi-
-cultés venir chercher chez vous le réconfort et la grâce.

Merci de ce que vous êtes et de ce que vous faites.
Pour qu'ils en soit ainsi Dieu ne peut être qu'avec vous.

Suivons donc vos conseils: Donnons de l'AMOUR!

Très Amicalement et avec mes remerciements.

Martial

171

☞ SOMMAIRE du livre :
« Retrouver le chemin de la sérénité »
10 min au quotidien suffisent pour nourrir des jours meilleurs !
Croyez & obtenez !
(Proposé page 17)

ഓരു

176

Mais aussi pour : (***TITRES NON DÉFINIS à ce jour…***)

▶ Domaine **AFFECTIF/FAMILLE**

– Retrouver l'entente familiale.
– Avoir une amitié durable.
– Trouver un.e véritable ami.e.
– Vaincre une rivalité.
– Se réconcilier avec *ses enfants.*
– Se réconcilier avec *ses parents.*
– Concevoir un enfant (vaincre stérilité).
– Retrouver le respect de l'autre.
– Vaincre SA jalousie affective et avoir relation harmonieuse.
– Surmonter *veuvage* et reconstruire sa vie affective.
– Surmonter *séparation ou divorce* et reconstruire sa vie affective.
     Etc.

▶ Domaine TRAVAIL/ÉTUDES

– Retrouver un travail – sortir du chômage.
– Réussir ses études.
– Obtenir son permis de conduire.
– Réussir dans une nouvelle entreprise *en tant que salarié.e.*
– Réussir dans une nouvelle entreprise *en tant qu'indépendant.e*
– Réussir un examen – un concours.
– S'épanouir dans sa profession.
– Obtenir une promotion.
– Obtenir un travail meilleur.
– Évincer une rivalité professionnelle.
– Éviter le licenciement.
– Ne pas subir de licenciement.
– Trouver la bonne orientation prof.
– Motiver un jeune dans sa scolarité.
– Trouver un premier emploi.
– Avoir un entretien positif dans le but d'une embauche.
– Obtenir un CDI.
– Convaincre l'employeur pour un travail à temps partiel.
– Demander et obtenir une mutation.
     Etc.

▶ Domaine <u>FINANCES/JEUX</u>

– Résoudre les problèmes financiers.
– Obtenir un crédit.
– Vendre... (commerce – maison....)
– Être chanceux aux jeux.
– Éviter un dépôt de bilan.
– Remonter son chiffre d'affaire – entreprise défaillante.
– Acheter un commerce.
– Trouver la maison de ses rêves.
– Attirer la clientèle (pour commerçants et commerciaux).
– Augmentation de salaire acceptée.

Etc.

▶ Domaine <u>SANTÉ/DIVERS</u>

– Demander bien-être et santé.
– Sortir de la dépression.
– Faire face à une maladie grave.
– Vaincre l'alcoolisme – le tabagisme.
– Lutter contre maladies incurables – retrouver une bonne santé.
– Subir une intervention chirurgicale en toute sécurité.
– Sortir de l'emprise de la drogue...
– Surmonter un complexe physique...
– Vaincre TIMIDITÉ, retrouver confiance en soi…
– Vaincre ses angoisses…
– Trouver la force de quitter son conjoint (violence conjugale...)
– Connaître enfin la joie de la maternité…
– Guérir de sa timidité…
– Trouver la maison de ses rêves.
– Surmonter la perte d'un être cher.
– Avoir une vie sexuelle épanouie.
– Trouver la force de quitter son conjoint (violence conjugale...)

Etc.

▶ Domaine <u>JUSTICE/JURIDIQUE</u>

– Gagner un procès…
– Obtenir satisfaction dans conflit juridique…
– Ne pas subir de condamnation injuste…
– Récupérer ou maintenir la garde des ses enfants…

Etc.

▶ Domaine PROTECTION...

– Chasser le mal au loin.
– Combattre le mauvais sort.
– Éloigner une personne malveillante.
– Dérouter une action malveillante.
– Protéger sa maison.
– Protéger sa ferme et son bétail…
– Se prémunir des accidents…
– Se libérer d'une violence conjugale
– Protéger son enfant des dealers...
– Protéger sa famille, sa maison…
– Neutraliser un «mauvais » voisin…
– Déjouer les manigances d'une personne mal intentionnée…
– Protéger un enfant des mauvaises fréquentations, de la drogue...
– Confronter harceleur – violeur…   **Etc.**

Ceci n'est qu'une faible liste des TITRES prévus !

A savoir que :
Les titres présentés ci avant son à <u>usage personnel</u>.
Cependant sont prévus leurs doubles
(*pour la majorité des titres*) pour venir en aide à AUTRUI !
Par exemple :

– Vous souhaitez apporter votre soutien spirituel à un couple de vos enfants en difficulté…

– Vous souhaitez aider un de vos proches à surmonter un état dépressif, à sortir d'un problème de drogue. **Etc.**

Faites une recherche, vous trouverez sans doute
*UN **TITRE*** correspondant à votre attente !

En vente sur <u>Internet</u>
Maison d'édition : <u>https://www.bod.fr/librairie/</u>
puis dans la barre de recherche (du site) « **TOUTES les CATÉGORIES** », tapez : *Martine MÉNARD*

Vous aurez ainsi, au fur et à mesure de leur sortie, tous les livrets
de cette **<u>nouvelle série</u>** parus ou à paraître !

Vous les trouverez aussi à : LA FNAC – AMAZON – RAKUTEN – CHAPITRE.COM – GOOGLE-LIVRES… Et en librairies…

☞ **Dans la Collection**
« *Demandez & vous recevrez !* »

Disponibles au téléchargement
et
au format papier et Ebook.

Tome 1
Les ANGES EXAUCENT NOS VŒUX !

Tome 2
CE QUE VOUS DÉSIREZ…OBTENEZ-LE !

Tome 3
ARCHANGES & ESPRITS de la NATURE
à votre SECOURS !

Tome 4
INVOQUEZ les SAINTS…
Ils prieront pour VOUS !

Tome 5
CRÉATION d'un TALISMAN
Le coup de pouce à votre SOUHAIT !

En vente sur Internet
Maison d'édition : https://www.bod.fr/librairie/
recherche : *Martine MÉNARD*
ainsi que : – *LA FNAC – AMAZON – RAKUTEN*
– *CHAPITRE.COM – GOOGLE-LIVRES…*
Et en librairies…

☞Autres ouvrages de la même auteure

Disponibles au téléchargement
et
au format papier et Ebook.

ଧଓଔ

1/ La CARTOMANCIE facile !
ou comment prédire le quotidien avec le Tarot à Jouer.

2/ Le TAROT de MARSEILLE facile !
Tirez 4 cartes du Tarot… & lisez la réponse à votre question !

3/ La roue PSYCHO-ASTROLOGIQUE
le chemin de l'évolution et de la libération
avec le TAROT de MARSEILLE

4/ la NUMÉROLOGIE facile … TOME 1
AMÉLIOREZ et RÉUSSISSEZ
votre vie, grâce à votre nombre CLÉ dévoilé !

5/ la NUMÉROLOGIE facile … TOME 2
Vos prévisions perpétuelles pour AGIR au bon moment !

En vente sur Internet
Maison d'édition : https://www.bod.fr/librairie/
recherche : *Martine MÉNARD*
ainsi que : – *LA FNAC* – *AMAZON* – *RAKUTEN*
– *CHAPITRE.COM* – *GOOGLE-LIVRES…*
Et en librairies…

Parus chez B.O.D <u>Autre Auteur</u> : Cédric MÉNARD
Diététicien – nutritionniste

« Quelle alimentation pour les coliques néphrétiques uriques ? »
« Quelle alimentation pour les coliques néphrétiques calciques ? »
« Quelle alimentation pour le diabète ? »
« Quelle alimentation pour la goutte ? »
« Quelle alimentation pour la constipation ? »
« Quelle alimentation pour la diarrhée ? »
« Quelle alimentation pour l'hypothyroïdie ? »
« Quelle alimentation pour les reflux gastro-œsophagiens ? »
« Quelle alimentation pour l'hémochromatose ? »
« Quelle alimentation pour l'anémie ? »
« Quelle alimentation pour l'excès de cholestérol ? »
« Quelle alimentation pour l'insuffisance cardiaque ? »
« Quelle alimentation après un infarctus du myocarde ? »
« Quelle alimentation pour l'angine de poitrine ? »
« Quelle alimentation pour la gastrite ? »
« Quelle alimentation pour moi ? »
« Quelle alimentation pour les inconforts digestifs ? »
« Quelle alimentation pour la maladie de Crohn ? »
« Quelle alimentation pour la rectocolite hémorragique ? »
« Quelle alimentation en cas de diverticules coliques ? »
« Quelle alimentation pour l'ostéoporose ? »
« Quelle alimentation pour la maigreur ? »
« Quelle alimentation avec la cortisone ? »
« Quelle alimentation pour la femme allaitante ? »
« Quelle alimentation pour la femme enceinte ? »
« Quelle alimentation après 65 ans ? »
« Quelle alimentation pour les enfants et les ados ? »
« Quelle alimentation pour le sportif amateur ? »
« Le régime alimentaire sans sel. »
« Le régime alimentaire sans gluten. »
« Le régime alimentaire sans lactose. »
« Apprenez à manger & maigrissez ! »
« Recettes et menus pour perdre du poids »
« Recettes et menus pour la maigreur »
« Recettes et menus pour le diabète »
« Recettes et menus pour les reflux gastro-œsophagiens »
« Recettes et menus pour l'hypothyroïdie »
« Recettes et menus pour la goutte »

« Recettes et menus pour l'hémochromatose »
« Recettes et menus pour l'ostéoporose »
« Recettes et menus pour les diverticules coliques »
« Recettes et menus pour la gastrite »
« Recettes et menus pour la femme enceinte »
« Recettes et menus pour la femme allaitante »
« Recettes et menus pour les inconforts digestifs »
« Recettes et menus pour la rectocolite hémorragique »
« Recettes et menus pour la maladie de Crohn »
« Recettes et menus pour la constipation »
« Recettes et menus pour la diarrhée »
« Recettes et menus pour l'anémie »
« Recettes et menus pour l'insuffisance cardiaque »
« Recettes et menus après un infarctus du myocarde »
« Recettes et menus pour l'angine de poitrine »
« Recettes et menus pour l'excès de cholestérol »
« Recettes et menus pour les coliques néphrétiques uriques »
« Recettes et menus pour les coliques néphrétiques calciques »
« Recettes et menus pour la cortisone »
« Recettes et menus sans gluten »
« Recettes et menus sans sel »
« Recettes et menus sans lactose »

(entre autres.)

FSC
www.fsc.org

MIXTE

Papier issu
de sources
responsables
Paper from
responsible sources

FSC® C105338